中公文庫

歴史のなかの邂逅

同時代篇

司馬遼太郎

中央公論新社

目次

〈　〉内に各篇の主題となった人物名を編集部において注記した。

歴史のなかの邂逅《かいこう》

同時代篇

敦煌《とんこう》学の先人

〈石浜純太郎　東洋史学者　1888～1968〉

東洋学の石浜純太郎博士（一八八八～一九六八）が、我孫子《あびこ》への古街道に面した大阪南郊の家で亡《な》くなってから十一年になる。まことにひそやかな死で、諸事騒然としていた当時の世間からかえりみられることがすくなかった。

数年前にその蔵書が遺族によって大阪外国語大学に寄贈され、ちかごろほぼ整理が完了した。漢籍二万点、二十世紀初頭の東洋学関係の洋書九千点のほか、遠い歴史のなかで死語になっている西夏《せいか》語、あるいは近世で死語化した満州語、または生活語というよりも学術的関心の対象とされるチベット語、モンゴル語などの原典が多数ふくめられている。その豊富さは、おどろくべきものといっていい。

それらが、故人の名を冠《かん》した文庫として架蔵され、記念事業としてこの四月二十五日、講演会がひらかれるという。さらには、その講演会が、恒例化されるらしい。市井《しせい》の学者であることを生涯つらぬいた故人の性格からみれば晴がましすぎる観がないでもないが、しかし、この人が愛した街の一隅に住む一人としてこれほどのよろこびはない。

私的なことからいうと、私が戦時中、大阪外国語学校（現・大阪外国語大学）の専攻語科をえらぶときに、願書の諸項目のうちモンゴル語科というところにマルをつけたのは、石浜先生が講師であるときいたからでもあった。

「西夏文字という、現在の中国の西北部のオアシスに遺《のこ》された謎《なぞ》の文字を解読しようとしている人がいる」

という話を中学の中国時文（現代文）の先生からきいてはじめてこの人の名を知った。次いで、その当時、藤沢桓夫《たけお》氏（のちに知ったのだが、石浜先生の甥《おい》にあたられる）の「新雪」という新聞小説に石浜先生らしい人物が登場していて、イメージが濃くなってしまった。ところが入学してみると講師にその人の名はなかったし、元来、怠惰な私には訪ねて行ってまでして学ぼうとするほどの性根がなかった。

石浜先生の学問は、インド学やカロシュティー文字（西部インドやシルクロードの一部におこなわれていた古文字）にまで及んでおられたので、同じ時期、インド語を専攻していた陳舜臣《ちんしゅんしん》氏などは何度も我孫子街道の石浜家を訪ねていたらしい。

そのうち兵隊にとられ、偶然、先生の長男の石浜恒夫君（作家）とおなじ兵舎で初年兵の時期を送った。やがて「満州」へ送られるということになった。その間、帰郷休暇があった。それを終えてふたたび大阪駅にゆくと、駅の西出口で、同じ運命の恒夫君を送るために来られた石浜先生に会うことができた。そばに、グレイの背広姿で、藤沢桓夫氏も立っておられた。私は固くなって、兵隊ボケでコトバなどなにもかも忘れました、といった。これは事実だった。

「しかしオヒンということぐらい、おぼえているやろ」

と、笑われた。刷毛《はけ》のように長い眉《まゆ》、頑丈なあご、無頓着に抜けたままになっている歯、笑うと南画のなかで自在に暮らしている人物のようで、およそ国家的権威とはちがった側の風に吹かれている人のように思われた。ついでながら、オヒンとはムスメという意味である。アア、そのコトバぐらいはおぼえています、というと、

「それだけおぼえてたら、ええのや」

いま想《おも》いだしても禅問答のようなことをいわれた。

私どもが兵隊に行っているあいだに、その語学校は焼けてしまい、戦後は一時期、高槻《たかつき》の旧工兵隊のバラックに移った。そのころ、石浜先生が講師として週に一度くらい出られたらしいが、私はすでに卒業してしまっていた。石浜先生の講義は、思いつくままの雑談であったらしい。あるとき、西夏語とその文字の話をされたという。

「遠い昔に死んだコトバやけどな、西夏語というのがあるのや」

という調子だったであろう。

西夏国は、こんにちでは井上靖氏の『敦煌』などによって知られるようになっている。十一、二世紀から二百年ばかり、中国西北部の乾燥地帯に存在したオアシス国家で、民族はタングート（チベット系）であり、牧畜を主とし、独特の文字をもって十三世紀、ジンギス汗によってほろぼされ、沙漠《さばく》に消えた。滅亡のときの伝説として、石浜先生は『西夏語研究の話』のなかで、

「初め、或人《あるひと》が成吉思汗《ジンギスカン》に、西夏の王様の奥方が大変美人であるから之《これ》を奪つて内に収めたら宜《よろ》しからうと勧めたので、この戦争が起つて首尾よく勝つて王妃を虜《とりこ》にしましたが、その美人の王妃のために（註・ジンギス汗が）傷つけられて死ぬ様になつたと云《い》つて居ります。（中略）伝説でありますが、西夏魂を表はしてゐるとでも申して宜しい」

と語っておられる（昭和十八年刊・『東洋学の話』・創元社）。

西夏だけでなく、西域という、この東西文明の合流点をなした魅力的な地域の文明も文化も、すべて沙漠にうずまってしまった。

十九世紀の列強のアジア侵略は、副産物として探検ブームをひきおこした。中国を半独立国視して勝手に他人の国の国土を掘り、文物を持ち去ったこの種の行為は現代中国では

評判がよくない。しかし「古代」がモノ（文物）のかたちで閃光《せんこう》信号のように現代に照射してきたこの事態は、世界中の専門家をふくめた多くのひとびとに強烈な詩的感興をおこさせた。

まずロシア人が先鞭《せんべん》をつけ、一八七〇年以後、累次《るいじ》にわたる探検で、西夏関係だけにかぎっても、もっとも多くのものを本国に持ちかえった。

次いでスウェーデンのヘディン、イギリスのスタイン、フランスのペリオなどの探検隊が入り、日本も西本願寺の経費による大谷探検隊が入っている。

西域学については、ヨーロッパが先進国になった。ロシアの第一回探検が日本でいうと明治維新成立早々であり、そのような学問がヨーロッパで発芽したことさえ知らなかった。

ヨーロッパを経由したあたらしい中国とその周辺学が日本で成立するのは明治末年から大正はじめにかけてで、とくに京都大学の内藤湖南、狩野直喜《かのうなおき》、桑原隲蔵《じつぞう》などが中国学の先駆者になり、次いで周辺史を、その原語を叩《たた》き醒《さ》ますことをふくめて見ようとしたのが、京都大学の羽田亨《はねだとおる》、大阪の在野の石浜純太郎であった。羽田、石浜のふたりの名前は、当時「敦煌学」といわれたことばのなかで重ね焼きされている。敦煌から西夏語、チベット語、トルコ語などの古い言語が、文献や経典のかたちで出てきたものを、なまの古文書を解読することによって組み立ててみようというのが「敦煌学」であった。西夏語研究も、この一系列としてある。

当初、研究者は石浜（純太郎）先生しかいなかった。たまたまネフスキーというロシアの天才的学究がきていて、この人に話をもちかけ、

「一緒にやりまへんか」

といったのは、ひとつはロシアに巨大な西夏の出土文献があり、たれもその解読をやっていなかったからである。ネフスキーは西夏語のとくに音韻に熱中し、相当の成果をあげた。が、帰国後、この非政治的な学者は、スターリン粛清によって殺された（いまは、死後復権されている）。

高槻《たかつき》のバラック校舎での石浜先生の講義は、ざっと以上のようなことが背景にあった。

「西夏語は、いまなお世界中のたれもが解いていない」

とも言われたはずである。この講義の受講者のなかに、中国語を専攻している西田龍雄氏（現・京大文学部教授）がいた。この人は自らを誇らないが、側からきいた話では、それなら自分が解いてみようとおもったらしい。その後のことになるが、西夏語は氏によってすべて解かれた。たしか、その業績で学士院恩賜賞をもらったが、何年のことであったか、忘れた。学問の継承ということはこのようにしておこなわれるということを絵に描い

てみせたように、事象があざやかである。

石浜先生は、船場《せんば》の道修町《どしょうまち》の大きな商家の嫡男《ちゃくなん》であり、のちしばらくその店の当主でもあった。

「道明寺屋の加助」

という大阪商人でもあった江戸期の碩学《せきがく》で、のちの人文思想の先蹤《せんしょう》的存在である富永仲基《なかもと》（一七一五〜四六）とその点、酷似している。偶然かどうか、石浜先生はこの仲基の学問の特性を最も早い時期に紹介したひとで、本を書くことに物ぐさだったのにめずらしく『富永仲基』（昭和十五年刊・創元社）という一書があり、私など、大阪という土地の思想を知る上でどれだけ裨益《ひえき》されたかわからない。

石浜先生の略年譜をみると、明治三十九年、旧制市岡中学を卒業された。

この間、あるいは店の手伝いをされていたのかもしれない。先生の実姉かつさんの遺談が、大阪の漢学塾泊園書院の機関誌「泊園」の昭和四十三年六月号に出ている。それによると、「父（註・石浜先生の父）は夜になると店の者を集めて帳合いをするのですが（註・純太郎は）その時には皆と一緒にそろばんをもってやりました」という。

中学卒業の翌年に第一高等学校を受験して落ちた。

この当時、旧制高校を経ずとも、それと同じ資格を得る検定制度があり、落第とともにそれを受け、合格した。このため旧制高校を経ずに――つまり合格者たちが旧制高校在学中に――大学に進んだ。東京大学の支那《しな》文学科で、この学問をしたいために高校受験をしたのである。学校生活を送りたいという意識は、稀薄《きはく》だったらしい。

当時、大阪には藤沢東畡《とうがい》（一七九四～一八六四）、同南岳（一八四二～一九二〇）以来の藤沢塾――前記泊園書院――があり、船場の商家の主人から丁稚《でっち》にいたるまで受講していた。前記かつさんは、泊園書院三世黄坡《こうは》の夫人である。年譜によると石浜先生は小学在学中の十歳で入塾し、南岳翁《おう》から直接授業をうけている。このことは船場の商家の子弟としては当然であったとはいえ、のちのこの人の学問の方向を決めることになった。

在学中に父が卒し家督をついだ。卒業後、帰阪し、アルコールの製造販売で知られた家業に参加したが、あるいは番頭さんまかせであったのかもしれない。

京都の中国学の諸大家と交流するのは、この帰阪後である。

大正十年に大阪外国語学校が設立されると、その蒙古《もうこ》語科の第一期入学生になった。すでに三十五歳であり、妻子もあり、大阪の漢学結社「景社」（西村天囚《てんしゅう》、長尾雨山《うざん》、武内義雄ら）の有力な会員になり、大学の同窓が何人か教授になっていた。

学校へゆくということについては、大学から専門学校へゆくのは逆流といっていい。石浜先生における学校の意味がそういう所になかったことの証拠の一つである。あらたに西域学を興《おこ》すには原語を学ばねばならないというごく単純な必要からのものであった。このときに、中国語、満州語も併せ学んだはずであり、このことは、のちにチベット語や西夏語になじむ上での言語的触角を育てるのに役に立ったかと思われる。

「私は本を書く柄ではない」

という類《たぐ》いのことばを、数すくない著書のあとがきでいつも入れてきたが、このことを憶測するに、自分の学問を結晶させることなく流動体のままにしておきたいという気ままさから出ているのかもしれない。官学の学者でなく市井に住む町人であるというひらきなおりもあったのであろう。

私事をいうと、一昨年、中島健蔵氏、井上靖氏らに随伴して中国の新疆《しんきょう》ウイグル自治区へ行った。いわゆる西域の地であり、タクラマカン沙漠周辺のシルクロードの古い町を歴訪しつつ、

――本来、自分などよりも石浜先生が来るべき地ではないか。

と、冥利《みょうり》に尽きるような、あるいは自責に近い思いをしばしば持った。そのことはトルファンの宿で井上氏にも話した。井上氏はさらに西域学の物故した学匠の名を挙げられた。何人も挙げられた。名をよぶことによって、西域にゆける時代ではなかったころに生

死されたひとびとの冥福《めいふく》を祈っておられるようでもあった。

石浜先生ほど、利欲のない人もめずらしかった。家業から得るものはすべて書籍の購入など学問につかった。いつのまにかその家業からも離れてしまったため、児孫には利を生む美田を遺《のこ》していない。児孫にのこしたものは独立の精神であったろう。さらには人を拘束しないかわりに自分も拘束されないというみごとな近代精神――あるいは江戸期のなにごとかから相続された精神――が、この人の人間と学問を成立させていた。

没後十一年で、ようやくこの卓《すぐ》れた精神と業績が再認識されたということは、それを思うたび、繰りかえしあかるい気分になるのである。

〔「毎日新聞大阪版」夕刊、一九七九年四月一六・一七日〕

〈須田国太郎　洋画家　1891〜1961〉

微光のなかの宇宙（『日本の名画 須《す》田《だ》国《くに》太郎《たろう》』）

私の手もとに、須田国太郎年譜がある。ここ一月ばかり、この年譜を繰りかえしながめてきたような気がする。

とくに、目が年譜の昭和三十年、三十一年のくだりまで来ると、私の主観の中で行間に陽《ひ》が照っているような感じがある。私の事情でいえば、その前後数年のあいだ、大阪や京都で催される絵の展覧会を丹念に見て歩いたということもあるが、ともかくもこの時期あたりに、私は須田国太郎の《窪八幡》に出くわしてしまった。《窪八幡》においては、色彩の赤が、濃密な空気の奥に沈んでいる。他の色彩も形象も空気を感じさせつつ沈んでいるが、とくに赤が、空気の奥に秘められていることのあやしさを蠱惑《こわく》的に（といって主張はせず）ひたすらに実在している。そのことにつよい衝撃をうけた。

考えてみると、私どもの地理的環境は色彩感覚の上で特殊といっていい。空気が素直に太陽の光を透さず、きわめて多くの場合、水蒸気が物や景色の色彩の決定に重要な要因をなしている。さらには私どもの色彩の感受性においても、乾燥した地理的環境の国々とは異なり、外界の色彩を受容するうえで、無意識のうちに右のような要素が働き、機能し、特殊ななにごとかを作りあげてきた。

むろん、水蒸気を画面の構成のなかに取り入れたのは、倭絵《やまとえ》の例もあるし、日本の水墨画の伝統にもそれがある。それはあくまでも遠近感を出す手法もしくは空間の処理法として用いられているわけで、それらについては私のこの時期（いまもつづいているが）の関心事ではなく、あくまでも色彩についてである。水蒸気の奥底から変幻してにじみ出る――つまりは日本という風土的な――色彩世界については、明治後の日本の洋画家のたれもが強烈すぎるほどの無関心さですごしてきた。強烈すぎるというのは、意識的にそれを無縁の他者とし、つねに顔をそむけ、ときに身の内の嫌悪《けんお》すべき敵として排除してきたということである。それを排除することが至上のことであり、排除せねば、ヨーロッパで成立した洋画の色彩世界に参加することが――具体的にいえば、真似《まね》をすることが――不可能になるからであった。

洋画の歴史は、江戸末期にはじまっている。しかしここで仮りに四捨五入して上野の美術学校の設立からはじまったとすれば、まだ九十年でしかない。物をあるがまま、もしくは物をあるが如《ごと》くに認識するというのは明治国家が受け入れた産業革命が要請するところの技術精神であるが、その要請の中の一環として官立の美術学校が創《つく》られた。絵画が芸術そのものというよりも科学の補助技術として認識された面があるという点については、いくつかの証拠がある。このことは、ダ・ヴィンチの精密な絵画の成立によって、医学や工学をはじめとするヨーロッパの科学技術がどれだけ進んだかということとも無縁でないし、日本の江戸末期の蘭《らん》医学が、それに参加したひとびとが精密な解剖図を見たことによる旧認識の自壊と新認識へのあわただしい出発ということから勃興《ぼっこう》したという事実も、あわせて無縁ではない。

　ともかくも貧乏な明治初期国家が、国家予算を割いて洋画の教育機関をつくったという思想には、右のような国家の功利主義が働いていないとはいえない。以後、繰りかえすようだが九十年にしかならず、他の科学技術がすべて輸入され、輸入された学問、学説、あるいは機械類のほうがむしろ正統とされ——つまりは模倣することが正当とされ——てきたのに、洋画のみが独自の風土の中から生みあげられるべきだという期待は酷にすぎるといっていい。

　かといって、昭和二十年代の終りから三十年代の半ばまで展覧会を見歩いていた私にとっては、過度な期待からくる失望感がつよかった。

公募展の作品の多くは自分のかけがえのない表現を絵画の様式史でもって決定し、その最末端の様式に身をゆだねていることでモダニズムに参加しているというふしぎな安堵《あんど》感の上に安住していた。そのことは社会心理学的な課題であっても、芸術の課題ではなかった。若い人達だけでなく古参の会員たちも、ひそかに、あるいは公然と家元を持っている人が多く、ヨーロッパの画家の影響下で、というよりもその模倣の中で仕事をしているむきが多く、影響を排除すれば実体が稀薄《きはく》になるという体《てい》のものが多いようにおもわれた。それを恥じるよりは逆に影響をうけていることを誇示する気分さえあり、それが日本芸術（もしくは画壇）における正統派としての証明のように思われているむきもあった。しかしそういう失望感が頭をもたげるつど、まだわずか六十年（当時は）しか経《た》っていないのだ、と思おうとした。また、その意味においては画壇全体が、一部の天才を除くほかは、画学校にあるようなものだと、この現象について考えようとしたりした。

《窪八幡》に出くわし、かつそれに驚くまでの私の心理的事情を述べている。まだ三十代のはじめでもあり、また時代そのものも戦後の乱世がおさまったばかりでささくれだってもいたから、当時の画壇に対する右の心理的事情は多分に平衡をうしなっている。しかし

《窪八幡》との出会いにいたるまでの事情（心理的な）についていますこし触れたい。

私が尊敬している古い女流画家が、そのころ、渡欧した。日本人の渡欧がめずらしいころで、然《しか》るべき人が帰国すると新聞記者が明治期のように新帰朝談をききにゆくような、奇妙な一時期だった。彼女は帰ってくると、気持のたけをどう言いあらわそうかと悶《もだ》えながら、「もう、血を滴《したた》らせて歩いているような、そんな毎日でした。見るものにみな感動しました。オランダへ行けば、ゴッホの景色がそこにあるのです。ゴッホは創ったのでなく、あのまま描いてゴッホになったのではないでしょうか」と言い、さらに彼女は色彩の問題にふれた。「ヨーロッパでなぜ多くの名画がうまれたかということがわかりました。固有の色彩なんです。色彩が、絵画表現以前に、なまのままで、もうすでに日本とは決定的にちがうのです。ヨーロッパを離れて日本へ帰るとき、船が沖縄に近づいてくると、前方に水蒸気の立ちこめた空と海とがさえぎっているのを見て、ああ憂鬱《ゆううつ》な日本に帰ってきたと思いました」と彼女が言ったとき、私は彼女の正直な感動に煽《あお》られながらも、聴き手としての自分の平衡を保つために、日本の野の花を思おうとした。小さな、けしつぶのような花々をつけている草のことをである。かれらは、なぜあのように地味でひかえめな色しか発色せずにいるのであろう。

日本の野の花がみなひかえめの色しかもっていないことを教えてくれたのは、学生時代、モンゴル人の教師と野の道を歩いているときだった。かれはしばしば跼《かが》んで、小さな花を見つめた。理由ははっきりしていて、望郷心のつよかったかれはせめて野の花に、故郷の春から夏にかけて草原にいっせいに咲く小さな花々の類種を見つけようとしていたのである。類種はいくつもあった。しかしみな色の感じがちがっていて、かれを失望させた。かれは留学時代、北京《ペキン》、ベルリン、アメリカの西部にもいたが、どの国の野の花も日本のようでなく、色がはっきりしている、かれは、日本の花はいけない、とそのつど言いながら、しかしこれはこれでよく見ていれば別の美しさがあるのかもしれない、ともいった。私はその後三十年経ってウランバートルへゆき、郊外の草原の朝露に濡《ぬ》れていたリンドウの花の恐るべき鮮《あざやか》さにおどろき、そのときも私どもの風土の中にある固有の色彩とのちがいを思った。

ともかくも芸術は風土から離れて成立するものではないであろう。風土を見つめぬいたあげく泥を払って突き抜けてくる精神だけが普遍性を持ちうるとすれば、ヨーロッパ人がその風土の中で獲得しえた普遍性を、遠く異なる環境の中にいるわれわれがそれが赤いからといって抜き取って自分の畑に挿すというのはどうにもおかしい。断っておかねばならないが、この感想は日本主義とは無縁である。

私の記憶では、《窪八幡》は大阪市立美術館の展示場で見たように思う。正面のたれかの大作を眺めて不意に横をむいたときに、この絵に出くわしたような感じがする。

それ以前に、須田国太郎の絵については何点かを見た記憶がある。どれもが、色彩を喪失しているとか、暗いとかなどと言われていたものだが、私には黒っぽくは思えても、暗いとは思えず、むしろ一種のふしぎな明るさを感じていた。しかし強い関心はもつに至らなかった。《窪八幡》は須田国太郎の年譜では六十四歳のときの作品で、健康が下降する二年前であり、晩年の作といっていい。作者の晩年になってにわかに濃密な関心をもつなど愧《は》ずべきことだとは思うが、ともかくも独立美術の知人にたのんで過去の須田作品の写真を何枚か見せてもらったりして、敬愛と関心をいよいよ深めた。

年譜で確かめると、昭和三十一年の三月、大阪の日仏画廊で個展がひらかれている。この画廊の主人はひょっとすると京都大学での須田国太郎の教え子ではなかったかと思うが、さだかでない。ともかくも私は須田に関する人間関係の知識はほとんどない。会場には《阿蘇《あそ》》などがかかげられていたような記憶がある。それらの記憶群の主座に、この会場の一隅に当時六十五歳だったはずのこの画家が、大柄な体を三ツ揃《ぞろ》いの背広で行儀よく包み、両脚をつつましくそろえて固いイスに腰を掛けていた姿が占めている。

多くの画家が、自己を表現するのにタブローの上だけでなく服装の上で一個の芸術家としての概念を規定し、一種の制服感覚のようにして演出化していることを、好みとして私に適《あ》いにくいように感じていたが、須田国太郎はおよそ自分の外観から画家を想定できる要素をすべて消していて、品のいい老紳士としてそこにいた。風貌《ふうぼう》はどこからみても学究であった。たとえば医学部の基礎分野の老教授のようであり、学問以外に俳句ひとつ作ることも自分に許さないといった堅牢《けんろう》な職業的人格が想像され、とうていこのひとが、その絵画構成の明暗の暗部に息づいている古怪ないきもののどの音や歩行の音のかそけさの生みぬしであるとは思えなかった。

　しかしこの意外な人物がまちがいなく須田国太郎である以上は、自分の中の風圧のつよい異常なものをおくびにも出さずに――生涯そうだったらしいが――温雅端正なふんいきを保っているというのは、稀有《けう》に強靭《きょうじん》な構造力の精神のもちぬしであろうと思われた。私はこの当時、なにか諸事気鬱で、社交の運動神経に変調があったような時期だったために、この個展についての簡単な紹介を書く立場にありながら、ビルの勤め人が昼休みに会場にまぎれこんだように、会場を一巡して片すみの画伯に目礼すると、その人はイスからわずかに腰を浮かし、慇懃《いんぎん》に答礼された。それだけで会場を出てしまったことをその直後に路上で後悔し、いよいよその後悔がひろがっている。

その後、個展や公募展で作品に接するたびに私なりに感想が複雑になって行ったが、昭和三十六年の京展での作品に接したとき、病床にあることを聞いていたせいもあって、体力の衰弱を思わせた。須田絵画は、本来、深い沼のような意識の底にあってわずかに発色もしくは発光している自分の色彩世界を（言いかえれば、深い井戸からエメラルド色の水をその固有色のまま汲《く》みあげてきて、汲みあげる操作過程のなかで色感そのものに運動感をもたせつつ）造形化してみせてくれるのだが、それをとり出して展開するにはよほどの何事かが必要なのにちがいない。何事かというのは、重厚なその技術も、その一部をなすであろう。ちなみに須田の場合、技術とは、なみの画法において手だれということでしばしば代替されるそれではなく、研究され索引化された多様な技術的諸要素を瞬時に総合したり、あるいはある要素のみを抽出して画面に定着させてゆく技術で、ほとんど科学的といっていいほどの体質をもった技術のことである。それにたれの場合でも構成の成立は純粋に知的操作によるものだが、須田の場合、泥濘《でいねい》を手で掻《か》き掘りしてゆく作業のようにその構成は最終のそれへ到達するまで変化しつづけ、その間、瞬時もゆるみない強靭な知的握力を必要とする。それら諸元の力を推進しているのは結局は体力だが、その体力が基本部分で減耗したとき、どこかの段階で通常な明るさと妥協せざるを得なくなり、その結果成立したのがこの作品であるかのように思われ、この作品が見せてくれた重大な欠陥は、かえって本来の須田絵画を構成してきたあの謎《なぞ》にみちた濃密な諸要素が何であったかを教えてくれるのに役立った。

その年の暮、病床で昏睡《こんすい》のうちに逝去《せいきょ》した。昭和四十八年は十三回忌にあたるが、その遺作の多くが大阪の梅田近代美術館にあつめられ、この人にとってはもっとも規模の大きい展覧会がひらかれた。そのあと、最初の個人画集も編まれた。私の古い友人である梅田画廊の社員矢倉喜八郎が展覧会の出陳作品をあつめる下働きをし、また画集をつくるときには西日本の所蔵者を歴訪して写真を撮ってまわったりした。そういうこともあって、この展覧会には開かれる前からつよい親近感を持った。

寡作《かさく》なこの人としてはその生涯の画業をほぼ網羅されているといっていいが、会場を幾巡りかするうちに、二十年前の私の幼稚な感想は収縮したり、修正されたり、あるいはある部分かえって充実したりした。ともかくも圧倒的に感じたのは、世界で唯《ただ》一つの——あるいは強烈な普遍性をもちつつ孤絶しているといったふうな——巨大な創造の中を歩いているということだった。

須田国太郎が、自分の独自の世界にゆるぎなく目をすえることができた大きな理由のひとつは、美術学校を経過しなかったことであろう。

かれは、京都の長浜縮緬《ちりめん》の問屋の家にうまれた。西陣をふくめ、京都の伝統工芸的な織物関係の商家から、明治期からいまにいたるまで多くの芸術家や独創的な学者を出しつづけているふしぎさについては、主題を別にして考えねばならない。

須田は、温和な少年だったにちがいない。絵は好きだったが、そのことに物狂いになるという少青年期を持っていない。たまたまかれの性格と頭脳は、学校教育を受容することに適合していた。府立一中から三高に進み、この間、ごくありふれた絵の好きな少年という程度での美術への接触の仕方ですごした。三高のころは油絵は描いていたが、一方、金剛流の謡曲も習うという、この当時の京都の呉服関係の問屋の子弟にあってはごく環境的な意味での習慣の中に抵抗なく（と思われる）身をゆだねていた。しかしこれら環境の中の美的生活は須田のその後を成立させるのに無意味であったはずはないであろう。このことは枝葉のことながら、かれは晩年、能というバロックの身動きとはちがった動きにつよい関心を示し、能楽堂に通っては素描をした。

さらについでながら、三高ではドイツ語を専修語学として選んだ。フランス語を選ばなかったのは、この時期の須田には、後年画家として立つ意志を濃厚に持つということがなかったのではないかと思える。ドイツ語を選んだという理由は、将来哲学科に進むつもりであったかと想像したりするが、なにしろ選択した年齢が十九歳であり、この点に深くはかかずらわないほうがいいかもしれない。しかし須田の生涯の外貌《がいぼう》は茫洋《ぼうよう》としている。肉質の厚いかれの内部で、どういう針が動いていたかが、気になるところである。

　大学では哲学科をえらび、深田康算《やすかず》のもとで美学・美術史を学んだ。その理由として、須田自身、「なぜ東洋西洋と違った方向にむいて絵が発達したのだろう。我々の新しいものの要求は、その綜合の上に立つのではないか、それを大学で研究したい」といっている。この言葉の中に、須田のその後のありかたがいきいきと内蔵されている。ついでながらこの当時はまだフランス哲学が大学に入っておらず、美学や美術史を専攻しようとすれば高校の段階でドイツ語を修めておくのが普通だった。

　そのあと、大学院に進んだ。大学院での研究事項は「絵画の理論と技巧」ということであり、絵画技術を美学研究の中心に据えた研究者は、明治後、須田において最初だったのではないか。

　須田が戦後、母校への講師として立ち、「ルネサンスからバロックへ」という主題で講じたとき、乾由明《いぬいよしあき》氏は幸運にも講義を聴いている。氏の「須田国太郎の画論」によると、

「……当時は西洋の古い美術作品といえば、ほとんど写真や図版でしか見るほかなく、し

たがって私などは、ややもすればきわめて観念的に、美術の歴史を割り切って満足していた。彼はそういう迷妄を根底からくつがえし、美術というものが、何よりも〈手〉の仕事であり、〈感覚〉の問題にほかならないことを、実例に即して諄々《じゅんじゅん》と説き明かしたのである」とある。須田の二十代の大学院時代の考え方といい、六十歳ちかい時期での右の言葉といい、須田国太郎というのは、多くの芸術家たちが無数の先入主や道理ありげな雑音のために自己や対象の本質を見失ったまま生涯を送りがちであるのに、本質を洞察し、いったん本質を見ぬいてしまえばゆるがないという人物であることがわかる。このことは、油絵の後進国である日本においては、稀有なことであるといってよく、同時に須田絵画の堅牢な基底をなしている。

　須田は、ゆたかな商家にうまれ、しかも次男坊で家から将来を拘束されることなく成人し、さらには物事を自分の目で見るという資質にめぐまれた。たとえば機械が乏しい文化圏に機械が導入されたとき、多くの人々はその運転方法を習熟するだけにとどまる。多少機械学をかじった者は多少その輸入機械の精度を増すように改良し、あるいは地域人の体格に合わせたように作りかえる程度で済ませる。明治後の油絵の受容の仕方がそうであった。須田の場合、機械を解体しきってしまって、金属学的にその材質を分子構造にいたるまでしらべ、また材料力学でもって強度をしらべるだけでなく、なぜこういう機械を生んだかという、機械を生んだ土地の伝統その他の文化性をとらえ、さらにはなぜ人間は機械を必要とし、機械を生むかという普遍的課題を考え、ついには機械が所詮《しょせん》は人間の手足の延長であるという本質へ回帰し、そこにおいてはじめて機械そのものを既成概念化し、あらたな須田の思想における機械をつくりあげるのである。この壮大な形而上《けいじじょう》・形而下的作業を連続させてゆけば個人の一生が幾つあっても足りないが、須田の奇妙さは悠然としてそれをやったことである。須田は七十歳で死んだが、ピラミッドの半ばまでの石を積んだようなかっこうであり、せめてあと十五年の時間と健康がかれに与えられれば頂上へ石をもちあげ、ゆっくりと最後の石を置いて自分の絵画を完成させたにちがいない。その意味では早逝の人であったといえる。

この当時、京都大学にヘルフリッチという独文学の講師がいた。大学院生の須田が、「技巧」を研究すると言いながら油絵技術を独習しているのを見たヘルフリッチから、技術は自習すべきでない、といわれ、大学院に籍を置きつつ関西美術院に入り、デッサンを習った。天成のデッサン達者というべき向井潤吉と同時期である。ついでながら中学の三年後輩に川端弥之助がおり、親しかった。この時期は、若い実作者としてのかれらから、実作上のさまざまなことをきいたであろう。デッサンを習っているということは、須田にとって大学院の研究課題のためであったかと思えるが、習ううち、このすぐれた集中力をもった人物は、「手」のほうに集中し、ついには本格的実作へ踏みこむことになった。「手」にひきずられて絵の世界に入ったというのは、まことにそこに力点を置く理論を樹《た》てた須田らしくていい。

かれは大学院を退学し、さらには関西美術院もやめ、渡欧した。途中、インドのアジャンターの石窟《せっくつ》を見、ロンドン、パリを経由して、スペインをめざし、マドリッドに居をさだめた。四年間も滞留した。油絵修業のために日本人が渡欧する場合、たれもがパリへ行く。ひとりスペインをめざしたという須田については、いまなお須田を語る場合に語られる。が、須田においては壮烈とか悲壮とかという形容はおよそ無用であり、十分に探究した上で自分自身の目で物の本質を見、見た以上はゆるがずにそれにしたがうという須田の思考律のごく自然なあらわれであるにすぎず、しかしながらこのことは、この人が同時代の日本の画壇から超然たりえたという巨大な結果をもたらすのである（反覆するようだが、スペインへ行ったことが巨大な結果をもたらしたということではない）。

日本の油絵の歴史が十九世紀末の印象派からはじまったというのは、特徴的である。それ以前の様式は美術史的観念でとらえられたにすぎず、具体的には、美術学校の美術史の講義のみにとどめられたといっていい。このことは例としてあるいはふさわしくないかもしれないが、洋式の艦船を導入することでひらかれた日本の近代が、欧米で成立したばかりの蒸気船からはじまった事情と似ている。美術の場合、船舶のようなごく単純な物理学と機械学で成立しうるものではないだけに深刻な問題をふくんでいたが、須田以外に明晰《めいせき》な意識と理論とそして実践でもってこの課題に気づいたものはいなかった。セザンヌの前期をふくむ印象派以前の西洋絵画の歴史を一個の概念として図書室におさめておくだけで、あとは暴走するようにして出発した日本の洋画は、ヨーロッパにつぎつぎと生起する新様式を追うだけで百年ちかい歳月をついやしてしまった。

須田がスペイン——具体的にはプラド美術館——をえらんだのは、それ以前の絵画の技法を体得し、分析するためだった。

かれは着くとすぐ、ティツィアーノの《ヴェヌス》の模写を手がけ、並行してティントレットの《キリストの洗礼》をも模写した。このバロックの画家とされるティントレットへの須田の傾斜ははなはだしく、このあとウィーンの美術館へ行ってもその模写をしている。やがてバロック全体に関心を示し、またエル・グレコにもつよい傾倒を示す。当時とその後の油彩についての技術面を、化学者のように、実際の作品と文献でもって徹底的に調べあげるとともに、須田自身の「手」でもってそれらを実感した。さらにはそれらを通じ、かれのその後にとってもっとも重要な空間の把握と処理、それに明暗という課題に対し正面から立ちむかった。のち、半面においては須田学とさえ言えそうなその独自の視覚世界を成立させる土壌は、この時期につくられたといっていい。

　帰国後の須田は、設立されたばかりの京大美学会に参加したり、和歌山高商の美術工芸史の講師になったり、昭和七年（四十一歳）からは京大文学部講師（ギリシャ彫塑《ちょうそ》史概説を講義）になったりして、かれの内面はともかく、世間は学究としてかれを見ていた。この間、官展におよそ適《あ》うはずのない《発掘》——須田の代表作の一つといっていいであろう——を出品して落選したりした。この点、法科大学を出、その後美術学校にも不合格だったセザンヌが、不評の絵を描きつつ、やがて形態の組成を幾何学的原型に還元して再構成する理論を創造したことにやや航跡が似ている。須田が独立美術に参加したのも、当初（昭和九年・四十三歳）は実作者としてではなく、同協会の京都の研究所の学芸員という講師としてであった。

　昭和七年九月、東京の銀座・資生堂画廊で個展をひらいたのが、最初の個展である。画壇から無視され、売れもしなかった。ただ一人だけ、買った客がいた。知りあいでもなかった谷川徹三氏である。その後、四十年を経て谷川氏が書かれた「須田国太郎の位置」という文章は須田の世界を理解するための重要な照明になっているが、第一回個展のときの経緯は同時に谷川徹三という美学者の感受性のゆゆしさを感じさせるものでもある。

実作者であり、すぐれた観賞家でもある小林和作《わさく》氏も、昭和九年ごろに須田の絵の重大さを認めている。画壇や観賞界は、暗くて風変りな須田の絵をどう見ていいのか理解しかねた。絵は先入主の累積《るいせき》によって観賞されがちなものである以上、この場合、むしろ谷川、小林という両氏のほうを特異とすべきかもしれない。昭和二十年代になっても、そうであった。日本の代表的な画商が須田にむかって「ああ暗くては売れませんな」といったというし、事実、須田のみじかい画歴（中年以後に実作者になったために）のなかで、一部の特殊な愛好者のほかはほとんど絵が売れるということはなく、かれの暮らしむきは大学の講壇に立つことによってまかなわれていた。もっともかれは教えることも好きだったし、天成、長者の風があったから、大学の講師になることが衣食の道であるなどと思っていたことは、毫《ごう》もない。

かれの十三回忌にひらかれた大阪・梅田近代美術館での「須田国太郎展」で、作品を見てゆきながら、かれは物の暗部を描こうとしたのではなく、おそらく少年のころから微光もしくは幽光を強烈に感ずる資性があり、むしろ懸命に光を表現（むろん印象派的な光ではない）しようとしたに相違ないと思うようになった。微光のもとで堆積《たいせき》された色彩群を表現しようとした点で、かれは明るさというものの本質的な追求者であったということを知った。この微光のなかにあっては形態も当然異形《いぎょう》にならざるを得ず、いつ見ても心臓の鼓動があやしくなるような《歩む鷲《わし》》の鷲のかたちや、また単にシベリア犬を描きながら、微光というかれの極限にまで技術の操作された知的な所産のなかでたかが犬が玄怪な形象として押し出されてくるという魔術を見ることができた。

　浅い水槽の水に触発されて微光が構成されるとき、《海亀《うみがめ》》では画面いっぱいの海亀が、亀としての固有の色をもって外光の変化に抗《あらが》いつつ異様な形象と色彩を現出する。

　これらに水墨画の画法や日本的幽玄美という概念を重ねて見ようとするむきがあるが、須田自身、「自分は日本的であることを強調したことは一度もない」といっているように、日本的どころか、絵における無数の概念を、技法の探究によって掘り崩し、その精密な作業のすえにいったんは否定し、その中から自己の自由な眼光が許容される世界を展開したこの人にとって、作家を安穏な奴隷《どれい》にするあの概念というものはかけらも見出《みいだ》せないのである。ともかくもこの眼光のなかに、日本の洋画家のなかで数少い天才のみがたどりつき得た独自の世界があるといっていい。

この人の写真は、「京都南禅寺自宅にて」という土門拳《どもんけん》氏が撮影したものが、よくつかわれる。日本座敷に画架を立て、講壇に立つときのように背広をきちんと着、ネクタイを締め、端座して仕事している。遺《のこ》された弟子たちにきくと、いつもこの人はこの姿で描いていたという。画家という概念からさえ自分を解放しているというべきで、ともかくも、この温和で端然とした老紳士の内奥に、単に岡崎動物園で飼われている平凡な動物が入ると、なぜあのように厳密なリアリズムを透過しての魔術的世界が展開され、いきものたちも固有色を微光の中で絶叫しつつふしぎな堅牢《けんろう》性をもった実在感を保たされてしまうのか、菲才《ひさい》な私にはその魂の秘密までは見る能力がない。このことについては、生涯、考えつづけてみたいと思っている。

〔『日本の名画20　須田国太郎』中央公論社、一九七六年一二月〕

故子《し》母《も》沢《ざわ》寛《かん》さんの「人」と「作品」

〈子母沢寛　作家　1892～1968〉

子母沢さんが新聞記者をされたころは、私などまだうまれていない。だからこれは又聞きをご当人にたしかめて知った話だが、訪問記事の名人だったそうである。

「私はどういうものか、若いころお年よりにすかれましてね」

と、いわれたことがある。老人ばなしのなかから事の本質をひきだすことが上手だっただけでなく、その話し方のナマリまで活字で表現した。これは画期的なことであった。当時の新聞は人の話を文章ことばになおして掲載したのだが、この記者によって新聞文章のなかに、はじめて江戸弁や越後《えちご》弁や薩摩《さつま》弁が登場した。

　そういう、話しことばに対する鋭敏さが後年、子母沢さんの文体までを独自なものにした。おそらく、祖父というひととの影響がつよかったであろう。祖父は御家人《ごけにん》（下級の幕臣）で、彰義隊に参加し、やぶれて北海道ににげた。子母沢さんは、北海道でこの祖父に育てられた。祖父は子母沢さんをひざの上にのせながら、江戸のころの楽しかった青春や、上野の戦争の話などをしてきかせた。幕末の江戸弁の美しさは、われわれはいまは想像するしかないが、子母沢さんはそれを古代叙事詩をきくような思いでなまにきいた。平素つかっている北海道ことばを通して祖父の江戸弁をきわだったものとして感じたことが、このひとの生涯の言語感覚の基礎音調になったのであろう。私は子母沢さんには晩年にお会いした。北海道うまれとは思えぬほど、いい江戸弁を使っておられたが、おじいさんのことばをうけついで使っておられたのであろう。

子母沢さんを、最後の幕臣だといったひとがある。祖父のうらみを血液のなかに継いでしまったというところもあるし、その美意識、とくに人間の行動に対する美の意識は、おそらくじかのゆずりであるにちがいない。

昭和初年のいつの年だったかが戊辰《ぼしん》にあたっていたから、当時の新聞は戊辰物語といった明治回顧の記事を多く掲載した。当時東京日日新聞にいた子母沢さんは、ほとんどひとりでこの企画をうけもった。土曜日の夜行にのって京都にゆき、あくる日の夜行で帰るという京都取材を何度もした。新選組の生き残りの稗田《ひえだ》利八翁《おう》に会ったとき、稗田翁は子母沢さんの聞き上手につられ、つい身が幕末当時にあるような錯覚をし、

「ところであの事件のときは貴下はどこにおられた」

などと身をすりよせてくるような態度を示した。相手に鬼気を発せしめるというのはな

んという聞き上手であろう。このようにして『新選組始末記』ができた。この著述は小説ではなく、新選組という歴史的存在を足で取材したもので、ちょうど柳田国男の民俗学の方法に似ている。口碑《こうひ》は口碑として採集し、伝説は伝説として採集し、それを一種の科学的平明さで構成した点、そういう態度という点からみてもいまにいたるまで類書がない。

　子母沢さんは、小説も独自の方法で書いた。みずから工夫し、たれからもその方法を学ばなかった。文壇にも所属しなかった。ひとりで藤沢にすんでいた。藤沢のお家にあがっていた表札は、

「梅谷」

　という本名の姓であった。いつだったか、菊池寛賞をもらわれたとき、その授賞式に出てこられたときが文壇的な場所に顔を出した唯一《ゆいいつ》の例外だったであろう。そのとき川口松太郎氏が「君は一人で歩いてきた」という意味の祝辞をのべられたように記憶するが、そのとおり子母沢さんはずっと一人で歩いてきた。この人の『父子鷹《おやこだか》』というのは昭和三十年代の名作のひとつだと思うが、日本の文壇には多少の偏見があって、それが正当に位置づけられるにはまだ歳月が要るかもしれない。とにかく、この人の場合、その作品だけでなく、人生そのものが一個の偉業だったように思える。

〔「産経新聞大阪版」夕刊、一九六八年七月二三日〕

〈吉川英治　作家　1892〜1962〉

不世出の創造力

明治以来、その作品がこれほど多くの人に読まれた作家はいないだろう。人の一生は棺のふたをとじたときはじめてわかるというが、吉川さんの訃報《ふほう》に接したとき、ふと、われわれの昭和の文化現象史のなかで吉川英治をもたなかったならば、よほどの部分、荒涼たるものであったろうとおもった。

文学のはたらきのなかで、もっとも大きな光栄の一つは、人間の典型をつくるということである。

シェクスピアがハムレットを作り、セルバンテスがドン・キホーテを作った。その後の人類は、人間の理解や把握に非常な知恵をひらいた。かれはハムレット型であり、これはドン・キホーテ型である、といったぐあいにその精神像が区分けされた。

日本の作家のなかでそれを作りえたのは、わずかに谷崎潤一郎の「痴人の愛」におけるナオミと、吉川英治の「宮本武蔵」における武蔵像のふたつだけである。

吉川さんは宮本武蔵において、いかにも日本的な求道《ぐどう》的な人間の一典型を作りあげた。われわれ日本人は、吉川さんがこの典型を作ってくれたおかげで、日常会話のなかでも、「何某は武蔵型のひとである」などというぐあいにごく手軽にたとえることができる。この意味でも、日本の文化史に吉川英治のしめる位置は小さくない。

吉川さんは、大正十一年、自分の勤務していた毎夕新聞に「親鸞記《しんらんき》」を書いたのが、小説らしいものを書いたはじめであるという。

「親鸞記」の素材は、本願寺の公式伝説によったもので、べつにあたらしく発掘されたものではない。それだけにわれわれは驚嘆することができる。高僧伝などはおよそおもしろくないものだが、それをこれほど面白く書けるというのは、奇跡のものといっていい。

吉川さんの求道的性格はすでにこの処女作に出ているが、しかしジャーナリズムは、その求道性よりもこの人の伝奇作者的才能のほうを迎え入れた。その伝奇的才能が大きく開花したのは、大正末年大阪毎日新聞に連載された「鳴門秘帖《なるとひちょう》」によってである。「鳴門秘帖」は吉川さんの作家としての地歩を確定した作品だが、同時に、日本の大衆小説の隆盛はここからはじまったといっていい。それどころか、この人がもし、英語かフランス語圏にうまれておれば、この一作でデューマを越える評価をうけていただろう。

私は、吉川さんに一度しかお目にかかったことがない。私が直木賞をもらったとき、授賞式に吉川さんが出て来られて、私のそばで小さな声でなにかいわれた。ひどく物やわらかな挙措で、（ちょうど「宮本武蔵」に出てくる本阿弥《ほんあみ》光悦《こうえつ》のように）しかも私自身これほど物やわらかな人に話しかけられたことがなかったために、小心にも応対にこまってしまい、なにをこのとき吉川さんはいわれたのか、その直後は思いだせなかった。

しかしあとになって、いろいろ吉川さんの声音《こわね》などをおもいだして考えてみると、どうやら、

「自分は若いころ需要があるままにつまらぬものを書きすぎた。人の一生は短い。書きたいものを書こうと思ったときは、すでに中年を過ぎ、時間が足りなくなっていた。あなたにいいたいのは、このことである。自分の轍《てつ》を踏まないようになさったほうがいい」

というような意味であったようにおもわれる。そのとき私はどうお答えしていたのか、まるでおぼえていない。おそらく意味もわからないまま恐縮していたようにおもわれる。

しかしあとで、あのときの吉川さんの低い声が記憶のなかでありありとしてくるにつれて心から恐縮する思いになった。この言葉は、一生私にとって忘れることができない。

しかし、吉川さんの言葉のなかで「つまらぬものを書きすぎた」というのは、どういうものを指すのであろう。

吉川さんは、ご自分の作品のなかでなにをつまるとし、なにをつまらぬとされたのか、

私にはついにわからない。

あるのは「鳴門秘帖」「神州天馬俠《しんしゅうてんまきょう》」などの伝奇小説をつまらぬとし、「新・平家物語」や「高山右近」などの歴史小説をつまるとされたのならば、不遜《ふそん》ながら異を立てざるをえない。

吉川さんが遺《のこ》した一連の歴史小説はたしかにおもしろい。しかし、日本の歴史ばなしはもともと伝奇性に富んでおり、それを伝奇的才能のゆたかな人が小説化するためにいよいよ面白いのだが、しかし吉川さんが昭和文化に大きく占めている位置は、その卓絶した伝奇性と創造された話の面白さにある。こういう大才は、おそらく百年に一人、出るか出ないかであろう。

どうも編集部からのおもとめのような原稿が書けなくて、右のように、いったん刊行物に載ったものを転載していただくように頼んでみたが、頼んだあと、なにか気持が煮えきらない。

そうこうしているうちに、尾崎秀樹《ほつき》氏の講談倶楽部《クラブ》刊行史に関する考察などが東京新聞に出たりして、ちょうどその夕刊が万伸社を通じて大阪にとどいた翌日、東京から、最後の「講談倶楽部」編集長だった三木章氏が拙宅に来られ、

「あれ、お読みになりましたか」とその話題を出された。

自然、話題が転じて、また吉川さんのことになり、三木氏が、

「わかりましたよ」といった。

「なにが？」

「あの一件です」

三木氏のしらべたところによると、吉川氏は若いころ、講談倶楽部の懸賞募集で得た賞金で母堂のおとむらいを出された。

そのあと、かんじんの講談倶楽部からの原稿注文がはかばかしく来ず、そのうち、同じ講談社の「面白倶楽部」から注文がきた。一時は「面白倶楽部」専門の作家で、毎号、幾つかのペンネームで数種類の小説を書いた。三木氏のはなしによると、「面白倶楽部」の小説欄の八割まで吉川さん一人が書いた時期もあったという。

「右は、講談社の古い社員にきいたはなしなんです」

と三木氏がいった。いわれてから、私は思いだした。

私の古い知人に、戦前講談社の編集部にいた人がいて、その人からきいた挿話が、どうやら吉川さんのそのころのことらしい。その知人の同僚が、吉川さんの係だった。ほとんど付きっきりで小説を書かせ、数夜、徹夜になることが多かった。あるとき、吉川さんが

ついに筆を投げ、

「頼むから、二十分寝かせてくれ」というなり、机にうつぶせた。

「二十分だけですよ」

その人は、時計を見た。ところが時間になっても、吉川さんは醒《さ》めない。体をゆすろうがどうしようが、起きない。一策を思いついて、胡椒《こしょう》を鼻のあたりに撒《ま》いた。

仰天して、乱作家時代の吉川さんは起きたという。

その、又聞きばなしを三木氏にいうと、

「そうです。その時期でしょう。吉川さんにはそういう時期があったのです」といった。

（それ、かな？）と、私は、前掲の私の文章を思いだした。――私（吉川さん）は若いころ、つまらない仕事をした――というくだりである。それを、吉川さんは指していわれたのかもしれない。

「鳴門秘帖」など一連の伝奇小説を指されたのではなく、この時代にやった仕事のことを吉川さんは、――つまらない――といわれたのかもしれない。いや、おそらくそうだろう。

なにしろ、吉川さんの肉声をほんの数語しかきいたことのない私にとっては、この数語のなかの最も重要な部分の意味がわからなかったからひどく気になっていた。

これで瞭然《りようぜん》としたようなつもりになって、いま気持が晴れている。

〔「産経新聞大阪版」夕刊、一九六二年九月七日〕

あとがき（『古往今来《こおうこんらい》』）

〈浜田庄司　陶芸家　1894〜1978〉

先年亡《な》くなられた陶芸家の浜田庄司翁《おう》とは、昭和四十一年の二月に沖縄の那覇《なは》の壺屋《つぼや》の町角でお目にかかった。

そのあと、どういうわけか、日に何度も町でばったり出遇《であ》った。

「また会いましたな」

というような俗なあいさつは翁は言われない。出遇うのが当然のように、即座に沖縄の焼物の話をされるのである。

しまいにはこちらの体力が尽きて、これはそのあくる日の午後のことだが、小路のむこうからモンペ姿の庄司翁がやって来られるのを見たときなんの思慮もなく横丁に逃げこんでしまった。美の大先達《せんだつ》に対しまことにもったいないふるまいをしたといまも後悔している。

庄司翁が若いころの民芸運動は、すでに大きな歴史になっている。その後大衆化して俗悪になったとはいえ、それは柳宗悦《やなぎむねよし》や庄司翁、英国人リーチ、河井寛次郎などの責任ではない。

　那覇の壺屋の町の一角での庄司翁の話をおもいだしてみると、「柳」「リーチ」という名前が、しばしば出た。ときに不意に出た。その名が発音されるとき、独特の愛《かな》しみとあかるさとふしぎな磁気があったことをいまもおもいだすことができる。

　おそらくそこに庄司翁の青春があったからにちがいない。「柳」といえばもうそれで庄司翁の青春のすべてがよみがえってくるし、「リーチ」というときは、その青春がなおも継続しているということであった。当時、リーチは英国で健在であった。

　那覇に庄司翁がきていたのは、沖縄の民芸の核の一つである壺屋陶器の技術と思想の指導のためであったと私は記憶している。翁は下野《しもつけ》の益子《ましこ》で轆轤《ろくろ》をまわしていたが、その手なれた轆轤を飛行機に積んで持ってきていた。

　轆轤を飛行機に積むというのはいまならなんでもない発想だが、当時、旅客機の多角的な利用の仕方がまだ一般的でなかったために、ひどく新鮮な印象をうけた。翁は、暮らしという抜きさしならぬ文化にくるまれた手作りのなかに美しさを見出《みいだ》すという運動者である。その人が、上代以来不変の轆轤とともに空を飛んでいるということ自体に、時空を切りさいてゆく意外さとうつくしさが感じられた。

翁の那覇滞在中に、リーチが翁を訪ねてきた。このふたりは、幾夜語りあかしても話が尽きないような仲であったらしい。

そのうち、テレビ局が目をつけた。当時、復帰前ながら那覇にテレビ局ができていたが、まだ番組がぎっしり詰まっているということがなかった。そのテレビ局の人が、

——せっかくお二人でお話なさっているところを恐縮ですが、それを聴視者にも聴かせてあげてくれませんか。

と、悠長に頼みにきたという。

翁もリーチも、どこで話しても同じだから、といって、テレビ局に出かけた。そこに椅《い》子《す》が二基あって、二人は話のつづきを語りはじめた。悠長なもので、それをテレビカメラがうつしっ放しにしている。

「何時間でもどうぞ、ということでしたよ」

と、翁はそういうあたりに沖縄のよさと、時間をすべて金にしてしまう本土の世智辛《せちがら》さを感じたのか、めずらしく笑った。翁は絶えず笑顔で人に接する人であったが、笑い声をたてることはめずらしかった。

そのテレビの席で、リーチは、

「日本のいろんなものが好きだが、ただ道がわるいのにはこまる」

と、いった。

こんにちでは日本の道は、都鄙《とひ》林野を問わずすべて舗装されてしまったが、それまでは日本の悪路は有名であった。

中国ではすでに秦《しん》の始皇帝が長距離道路の打通とその重厚な舗装（むろんコンクリートではないが）をやっているから、道路建設を大土木の対象とする思想と技術はそれ以前からあったのであろう。ローマの道路の重厚な構造についてはいうまでもないし、ローマ以降、ヨーロッパの道路は原則としてそれにならっていることも、ここで述べるまでもない。日本の道路思想は、足を踏み入れることができればそれで十分ということであり、江戸期の最大の幹線道路である東海道でさえその例外ではない。

この日本的道路の原則は、昭和三十年代後半まで生きつづけていた。東海道の近江草津《おうみくさつ》付近の道はなお江戸期の面影がのこっていたし、他の道は未舗装のいわゆる地道《じみち》が多く、車が通れば砂塵《さじん》を吹きあげた。私の記憶では、昭和三十五年の山陽道福岡（岡山県）付近の道の両側の民家の瓦《かわら》屋根は、砂塵をかぶっていつも黄色くなっていた。

リーチが道路の悪さについて語ったこの昭和四十一年にあっては、なお上代以来の道路思想が日本の各地で生き残っていたのであろう。

が、庄司翁が、

「それはちがう」

と、リーチに反対したというのである。赤土の美しい道こそ日本のよさだし、土の道を踏んでいるかぎり、日本人は美を忘れない、といったという。だから益子《ましこ》の仕事場までの田舎道も舗装させないようにしているのだ、とも翁はいった。

これに対してリーチがどういったかは、私は翁にきくのを忘れた。ただこの民芸運動の生き残りの戦友の思想的徹底ぶりに苦笑していただけだったかもしれない。

以上のような浜田庄司翁の思い出をこの本のあとがきに代えているのは、二月の、日盛りの壺屋の窯場《かまば》の横を歩きながら、翁が、

「若いころも、ここにいたんです」

と、当時を語り、ここで長男が生れた、だから長男の名を琉司《りゅうじ》とつけたんです、と言われたことにちなんでいる。

琉司氏は、たしか私と同年《おないどし》で、毎日新聞につとめており、当時、会ったことはなかったが、名前は知っていた。内心、あの浜田琉司氏はこの翁のお子さんだったのかと意外なおもいがした。

その後、琉司氏と会う機会があったが、父上の学問好きの面を継がれているようで、べ

つの風格の謹直な教養人だった。

私の本を出したい、と琉司氏がいわれたが、私は本を出すことのわずらわしさのほうをおそれて、そういう仕事の話題をできるだけ避け、庄司翁の話ばかりをした。

去年だったか、琉司氏は定年になられて、別の出版社に移られた。

琉司氏は初対面以来の一件をわすれず、私がかつて新聞や雑誌に書いた随筆とも雑談ともつかぬものを集めて来られて、これで一つの集を出すことはどうかといわれた。

出版物の多いこの時代に、本はできるだけ出さないほうが庄司翁の非舗装道路の思想にもあうかと思ったりしたが、結局は出してもらうことにした。

表題の「古往今来」というのは、べつに深い意味があってのことではない。人のいのちは広大な時空のなかにあって一瞬のうちにすぎてゆく。そのことをべつに虚無的な意味でなく常住感じている。その常住の思いを言葉にすればそういうことかと思ってつけただけのことである。

那覇の壺屋の町で二日のうちに何度も出遇ってしまった浜田庄司翁の風韻も、いまは古往今来の光と影のなかに入ってしまった。

〔『古往今来』日本書籍、一九七九年九月〕

今東光氏の昭和三十年前後

〈今東光　作家・僧侶　1898～1977〉

「今東光が『易経』を講義・四天王寺で――」

という小さな雑報記事を「中外日報」（京都から発行されている宗教の専門紙）で読んだのは、昭和二十六年ごろだった。当時、私は大阪の新聞社の京都支局にいて宗教をうけもたされていたから、右のような新聞を読むのも仕事のうちになっていた。

この記事を書いたのは右の社の福見涙草という天台宗担当の老記者で、数日経《た》って、涙草氏からその様子をきいた。いい講義でしたよ、と氏はいった。ただいまの中国哲学というものではございませんで、江戸時代の漢学塾の講筵《こうえん》に列しているような気分でしたな。

このことばが、なんとなくおかしかった。今東光氏の年譜からいえば、この昭和二十六年というのは、氏が東京から大阪にいわば流れてきて、河内国《かわちのくに》八尾《やお》郷在の天台院という、檀家《だんか》のすくない貧乏寺の住持になった年である。檀家が三十余軒で、「お布施《ふせ》がピース一個の値段だ」と、氏がのちにいったのを記憶している。三十余軒では、葬式もすくなかった。このため他村の寺の導師の葬式によばれて、導師のうしろに侍立して読経《どきょう》するしごと（?）もした。「そういうしごとを野立《のだて》というんだよな」とこの人が、この言葉のもつユーモアをひどく気に入って繰りかえし言ったが、この種の言語感覚は、今東光の文学の肉質の重要な部分にからんでいるといわねばならない。

この昭和二十六年の「易経」のくだりは、無収入にちかい寺のために何事かをせねばならず、そのために大阪の四天王寺まで出かけていって講義をしたにちがいない。めしのたねが「易経」では、敗戦後でもあり、晦渋《かいじゅう》すぎるということもあって、受講者もあつまらなかったのではないか。

四天王寺に、吉田秀英という気骨の朗らかな僧がいて、僧侶《そうりょ》として今さんが立ちゆくように面倒をずいぶん見ていた。この「易経」も、秀英氏が配慮したかとおもわれる。

話のついでながら、今さんの略年譜によると、昭和五年ににわかに得度《とくど》して叡山《えいざん》に登った。どの宗派でもそうだが、宗派の大学の宗乗の課程を経ていない者で住職資格を取得したいむきのために専修学院というのがある。天台宗（叡山）にもそれがあるが、今さんはその課程中に同学の吉田秀英氏と知り合い、終生の友になった。

寺の子にうまれなかった者が一ヵ寺を持つというのは非常な難事だが、秀英氏は空寺の情報をあつめては今さんに声をかけた。戦時中、美濃《みの》の谷汲寺《たにぐみでら》のさらに山奥に村寺が一つ空いているというので行ってみると、台上に焼け跡があって鐘一つが落ちていたという。火事で焼けた寺で、それなら農家を一軒ひっぱってこようとしたが、戦時中の法規に不急の建築はだめというのがあり、あきらめざるをえなかったらしい。戦後、大阪の東郊の布施に空寺があるというので秀英氏と一緒に行ってみると、寺ではなく、ただの裏長屋の一軒で、シメナワを張ってあるだけの説教所だったという。そういうあげくのはてに八尾の在の天台院がみつかったわけで、得度して二十一年目にやっと一ヵ寺の住持になったことになる。

私事をいうと、私が新聞社の京都支局から大阪の本社の文化部に転任したのは昭和二十八年で、馴《な》れない文芸関係のしごとをうけ持たされた。当時大阪には作家は藤沢桓夫《たけお》氏しか住んでいなかった。藤沢氏のお宅にあいさつに伺ったときが、作家というものを見た最初だった。

当時、今さんは八尾の天台院から毎日のように大阪へ通っていた。近鉄の定期券を買っていたが、通勤するような仕事はなかった。当時の大阪には、物書きに小説や随筆を依頼するような出版社はなく、たとえあっても、二十年以上筆を絶って無名にちかくなっている今さんの原稿は買いづらかったであろう。新聞社は、「読売」がまだ進出していなかったのではないか。ある日、今さんが意を決して新聞社を訪ねようとしたが、何人かの知りあいがみな不在で、ただ一人、「朝日」にいた詩人の坂本遼氏だけがいた。

「坂本も年をとって現場を離れていて、要領をえなかったよ」

と、今さんはあとでこぼした。それでも喫茶店でコーヒーをふるまってくれたよ、ともいった。

その店で、たまたまKさんという旧知に出遇《であ》った。Kさんは大阪の大地主の子で、一生、画家たちの友人として遊んでくらしたような人だったが、そのKさんが今さんをその場から私の勤めている新聞社につれてきて、編集局長にひきあわせた。この土橋四郎という編集局長が、当時稀有《けう》なことに今さんの昔の作品を記憶していて、その夕、席を設けてこの無名の僧を手厚くもてなした。土橋氏は、その席に相伴《しょうばん》させるために転任早々の私をよんでくれた。私にとって、この世で作家というものを見た二人目が、この夕の今さんだった。

今さんは酒を飲まなかったが、座談が無類におもしろく、すべてが豊潤そのものの感じがした。

易経のことをすこし質問すると、返答はじつに堅牢《けんろう》な知識を感じさせたが、なるほど涙草氏のいうように江戸時代の漢学のにおいがした。その面だけ、なにか数世紀前の人物が目の前にいるような感じがしないでもなかった。

私は今さんが新進作家として世に出たころは、まだうまれていない。だから、大正時代というものを雑多な書物で得た知識だけで想像するのだが、当時、第六次「新思潮」にあつまった文学青年というものには大なり小なり衒学《げんがく》的なにおいがする。ひきつづき昭和初年にあたらしい文壇が形成されるころのふんいきもひどく教養主義的な感じがするが、この席で今さんが私に感じさせた豊潤さのなかで、ちょっと余計な感じがしたのは、そういうにおいだった。ひるがえっていえば大正末期のわかわかしい文壇が凍結されたままそこにいる感じもし、それはそれで瞠目《どうもく》するような思いだった。

今さんは、自身が書いているようにその青春は放蕩無頼で、中学もその初年級の段階で放校され、神戸から東京へ出た。

その後、接していてこの人の漢文がどう考えても我流ではなく、師匠に就いて入念に習ったものだという想像がついたが、その消息については、当人は決して明かさなかった。想像がゆるされるなら、旧幕時代の藩校の師匠のような老人が、当時、東京の陋巷《ろうこう》でほそぼそと漢学塾をひらいているようなところへ、この人は放蕩の仲間から、そのつど体よく脱け出して通っていたのではあるまいか。またこの人が、会話のなかでときどき混える英語も、たとえばリンカーンのことをリンコロンと言ったりして、明治初年の英語塾のにおいがしたが、これも想像がゆるされるとすれば、老残の英学教師のもとに、大看板の放蕩のあいまあいまに通っていたのかもしれない。そのことを露骨に質問してみたことがあったが、表情がわずかに緊張しただけで、否定も肯定もしなかった。そのことへの当方の勝手な想像をもふくめて、大正の芸術青年の精神が、多少変形したまま濃厚にのこっていた人のように思える。

この人が、多くの宗派のなかで天台宗を選んだのもわかるような気がする。念仏門的な信心の体質をほとんど持たなかったこの人は、それよりも天台宗が持つ煩瑣《はんさ》で、ときに装飾的とさえいえるほどのそのぼう大な教学につよいあこがれを抱いたにちがいない。天台以外の他の宗教といえば、カトリック以外に好みを持たなかった。カトリックがもっている教学と儀礼の壮麗な装飾性と天台宗は多くの共通点をもっているが、そういうことを思いあわせると、飛躍するようだが、今東光は宗教そのものよりも宗教美へのあこがれのほうが強かったのではあるまいか。

今さんとの交渉は昭和三十五、六年ぐらいから頻度がすくなくなり、晩年は地理的に離れて日常のゆききが絶えてしまったが、その文章を読んだり、消息をきいたりしたところでは、死への態度はじつに堂々としていたように思える。仏教によって覚者になったというよりも、天成、浮世へ遊びに来て、また還《かえ》るといったような覚悟が、なにげなく育つ体質を持っていたのではないか。

〔「文學界」一九七七年一一月号〕

〈平尾道雄　日本史学者　1900〜1979〉

平尾道雄史学の普遍性（『平尾道雄選集』）

「土佐史談」一五〇号の「平尾道雄先生喜寿記念特集号」は、先生のご在世中に出ている。むろん、ご当人は出ておられない。氏は謙虚な性格であられたから、あとで雑誌をみて、肩をすくめておられたにちがいない。

その特集号に、座談会速記が出ている。席上、私にとっても旧知の橋詰延寿氏が、「天が土佐へ平尾先生を与えて下さったもの」と語っておられるが、同感のおもいがする。

唐突なことをいうようだが、中国は古い時代から未開野蛮の遊牧民族にとりまかれ、ときに内陸を侵されたりして、華夷《かい》の差に過敏な文明をつくりあげた。

夷とは何かというのは中国ではつねに人種論ではなく、文化論であった。その差違のひとつとして、夷は歴史意識をもたないというのである。

自分が後世の史家にどう書かれるかということを意識しつつ在世中の行動をするというのが歴史意識であり、あるいは自分が所属する社会を過去へさかのぼって、記録したり、批判したりするということも、その意識の活動範囲に入る。

そのように考えてみると、いまは中国の少数民族になったモンゴル人やチベット人、あるいはミャオ族などには、そういう歴史意識がなかったように思える。

維新という大変動がおわったあと、これを歴史として記録もしくは論述するという知的活動が内部からおこったのは、土佐である。

長州は、伊藤博文が上から命じてともかく『防長回天史』（明治三十一年着手、大正十年完結）を書かせたが、筆者の末松謙澄《けんちょう》は福岡県士族であった。多くの長州人は権力の座にはついたが、自分たちがやったことを修史して後世の批判を待とうということをしなかったのは長州のために惜しいことといわねばならない。

薩摩《さつま》にいたっては、一人の伊藤博文すら出なかった。

維新の主導力であり、藩閥政治の筆頭であったにもかかわらず、資料、史書についてはまことに空々漠々として、後世からみれば、幕末・明治の薩摩というのはまことにあいまいなものなのである。

「議をいうな」ということが、薩摩の士族教育ではやかましくいわれる。ことあげせずというのはむしろ薩人の美風といっていいが、しかしこの倫理的古俗と、薩摩に地方史の史家が出にくく、また風土が育てなかったということとかかわりはない。

この点、土佐の場合、幸いであった。草莽《そうもう》から多くの歴史家や文筆家が出た。

ついでながら、幕末・維新をへた明治の歴史家として、肥前佐賀から久米邦武《くめくにたけ》が出、薩摩から重野安繹《しげのやすつぐ》が出たが、ふたりとも官学の教授になり、地方史への関心が薄かった。ただし久米は旧藩主家から頼まれて鍋島閑叟《なべしまかんそう》の事歴を編《あ》んでいる。しかしこれは肥前佐賀の地方史の発展とはつながりにくかった。

土佐は明治期に、坂崎紫瀾《さかざきしらん》や寺石正路《てらいしまさみち》などを出したことが大きかったであろう。

かれら草莽の史家のおかげで、幕末・維新から自由民権運動時代にいたるまでのあいだ、無名のまま斃《たお》れた多くのひとびとの事蹟《じせき》が顕《あら》われた。

土佐はその方言が明晰《めいせき》なせいか、明治以後、こんにちにいたるまですぐれた散文家を出している。さらには物を評価することを好む風土的性格とあいまって、歴史家を生みやすいということもあったのかもしれない。

平尾道雄という、近代以後もっとも大きな地方史家を生むにいたったのは、以上のような歴史的あるいは風土的環境があったであろう。

平尾道雄氏は、お若いころ東京で苦学された。そのうち、この人の才質を見出《みいだ》すひとがいて、大正九年、東京の山内家家史編修所に入所された。

ここに先輩として、沼田頼輔《よりすけ》、田岡正枝（髪山）、福島成行（鷗波）といったひとびとがいて、実務のなかで師事することができた。厖大《ぼうだい》な資料の山にうずもれながら、資料の解読、筆写、整理、価値判断という歴史研究者として不可欠の作業に没頭されたのは、運命が氏を純粋培養しようとしたとしか思えない。

平尾氏は、その業績からみて、濃度の濃い近代主義者であったかと思える。近代主義は、物や事の質量を冷静に認識することと、物や事の置かれた位置と全体との関係を知ろうとする精神と不可分なものだが、さらにいえば、お仕着せでない社会主義がそこになければならない。すべてそれらは、平尾氏の歴史に接する態度と精神のなかに息づいているものである。

山内家は、ふしぎな大名であった。草莽の士を弾圧しぬいて維新にいたり、維新成立後は、草莽の士の功によって新政権から重んぜられた。土佐の上士階級は、かつては草莽の士を弾圧しながら、維新後はその死者たちの功の分け前にあずかった。

山内家の資料を編修しつつ、平尾道雄氏はむしろ、藩から火つけ・強盗なみにあつかわれていた脱藩浪士のほうに目をつけたのはおもしろい。コロンブスの卵と同じで、いまとなれば当然のようにも思えるが、薩長と肥前の藩史編纂《へんさん》の機関からそういう観点の研究者が出なかったことと思いあわせて、このことは注目しておかねばならない。

　土佐の脱藩浪士あがりとしてはめずらしく栄達した人に、田中光顕《みつあき》がいる。長州閥にうけがよかったからだが、この田中光顕でさえ、訪ねてきた土佐人に、

「自分の故郷は土佐ではない。しいていえば、命をすくってくれた長州であり、精神の故郷は水戸である」

といったらしい。土佐浪士にとって土佐藩は検察的加害者で、軒下を貸してくれたのは長州藩であったということをいうのである。

　平尾氏は若い研究者時代にしばしば田中光顕に会ったから、この言葉をきいたであろう。氏は浪人問題を通して幕末を見た。大正の好況期に資料研究者になり、不況期に執筆者になったことと、あるいは無縁でないかもしれない。

『新撰組史』が刊行されるのが昭和三年で、『坂本竜馬《りょうま》海援隊始末』が出版されるのがその翌年である。草莽の政治運動団体が、歴史家の作物《さくもつ》として造形化された最初のものといっていい。

　ときに氏は三十歳早々ながら、文章はすでに風霜を帯び、しかも明晰、平明である。叙述には重心がひくくさがり、一点の軽忽《けいこつ》さもない。そのくせ文体に芸術的なリズムがあり、十分抑制されつつもときに暗い華やぎを感じさせる。歴史家に必要なのは文章力だが、両著における氏のそれは同時代の第一級のものであり、いまなお古びを感じさせない。

戦後、氏は高知県に帰られた。

氏にとって、収入の乏しさはともかく、公務として義務づけられていたのは山内家の古文書整理であった。このことから解放されるのが昭和二十七年で、じつに在勤三十二年である。いかに篤実《とくじつ》な人柄であるかがわかるであろう。

土佐の藩政史、経済史、思想史、人物史といったものが、資料の面からすべて氏によって整理され、たれもが利用できるようになった。

以後、執筆生活に入るのだが、すでに土佐を見きわめることによって日本社会の地殻にまで掘りぬいてしまっているために、どの作品も普遍性をもっていた。

土佐史が地方史でなく日本史そのものになったのは、平尾道雄というきわだった存在以外に功の帰しようがない。繰りかえすようだが、一地方の歴史が日本史そのものになるというのは学問の力であり、政治や運動の力でも何でもない。それをただ一人の人がやったというのは、言いようもなく偉大である。

このふしぎな学問現象にもっとも早く気づいた一人に、プリンストン大学のM・B・ジャンセン教授がいる。一九五九年という早い時期に同教授は氏を客員講師としてワシントン大学（当時・ジャンセン教授は同大学に在勤）にまねき、土佐史を講義させた。

この講義がいかに好評であったかについては、前掲「土佐史談」に、ワシントン大学の平賀延教授が書いておられる。

一地方の人文と社会のすべてを掘りさげることによってついには普遍性へ質的転化するということの一例として考えてよい。

平尾道雄氏は、戦後ほどなく夫人と長子をなくされて、孤独になられた。

この孤独を慰めるのは研究しかなかったであろうが、それ以上に氏を支えたのは、郷里での氏の学友と理解者であった。氏によって土佐史は成立したが、氏の気力を維持させたのはそういうひとびとであったことを思うと、頼みある人の世ということと思いあわせて涙のにじむような感慨をおぼえるのである。

この選集も、そういう精神の温度のなかから出た。その温度を共有されているひとびとへ、はるかに敬意を表したい。


〔『平尾道雄選集 第一巻』解説、高知新聞社、一九七九年一一月〕

〈大宅壮一　評論家　1900〜1970〉

この人の含羞《がんしゅう》（『大宅《おおや》壮一全集』）

私などの年齢の者には、敗戦までの昭和期という、魔物のような時代がよくわからない。ただ自然年齢として、太平洋戦争の末期に壮丁年齢に達してしまったため、学校を卒業する前に兵隊にとられた。

敗戦のおかげで旧国家の拘束から放たれたが、当座、いったい自分がどこに居たのか、魔法の森を通りぬけてきた者のようによくわからなかった。

昭和二十一年ごろだったか、たまたま京都の四条河原町を歩いていると、古本屋の店先に、古い「中央公論」と「改造」が山のように積んであって、二束三文の値がついているのを見つけた。ともかくも何度かにわけてもちかえった。このことが、体《てい》よくいえば自分の戦後への出発になった。

そのおかげで、昭和三年以降の共産党への大弾圧も知ったし、沢田正二郎の存在とその死も知り、また満州事変をとりまく政情や当時の国際環境も、当時の読者としてながら、垣間《かいま》見ることもできた。

　昭和十年の大本《おおもと》教の弾圧事件については、たまたま当時の取材記者からその功名譚を辟《へき》易《えき》しながら聴かされていたことや、まだ破壊の跡がのこる丹波亀岡城《かめおかじょう》址《し》の仮本部を訪ねたりしたためにとくに関心があった。

　大宅さんはこの事件についても〝中間評論〟といったかたちで書いているが、世間の価値観がかわった戦後に読んでも、文章や批評眼がすこしも古びていないばかりか、いまなお、当時の事件についての同時代の重要な文章といえるのではないかと思っている。

　当時それらの雑誌での大宅さんの存在は、ドイツ風のしち面倒くさい論文の欄では見出《みいだ》せず、何段組みかの読み物風の欄で見つけ出すことができるが、内容は具体性に富みつつも、論旨の骨格は大ていの大論文より堅牢《けんろう》であった印象がある。私は大宅さんの文章や思考法になじみ、匿名《とくめい》欄でも、ひょっとするとこれは大宅さんではないかという妙な自信をもつまでになった。

　その後、十数年のちに大宅さんと親しくなったとき、以上のようなことをいうと、顔に独特の含羞をうかべて話をそらした。含羞といえば、このひとの生地である摂津《せっつ》富田《とんだ》にひとりの老人がいて、大宅さんがうまれた日、壮一という名がつけられたいわれのことなどを私に話したが、そのことをいったときも、大宅さんはあわてて話題をかえた。

「大宅さんには、マルキシズムでもって、一度、国家や社会を時計の機械のようにばらばらにした経験があることがいいですね」

といったときだけは、素直な表情になってくれた。このひとの含羞は、本来身もだえするほどに持っていた正義の感情を、決して生《なま》で出すことがなかったことと、どこかでつながっているように私は感じている。

〔『大宅壮一全集 第二巻』月報、蒼洋社、一九八一年二月〕

空《くう》に徹しぬいた偉大さ

〈昭和天皇　1901〜1989〉

私どもの日常はつづいているのに、〝昭和〟が、一瞬で歴史になってしまったのですね。このことは、他の国のひとたちに説明するのに、たくさんのことばが必要かもしれません。たとえば、大統領の交代による政変でもなく、またこれによって法体制に変化があるわけでもなく、さらには、文化様式にちがいが生ずるわけでもありません。にもかかわらず、一つの時代が、去ったのです。その感覚のふるえのなかに、私どもはいます。

ちょっと、間遠《まどお》いようなことを言います。

明治二十二年（一八八九）に発布された明治憲法によって、国民国家が成立しました。フランス革命を皮きりに、ヨーロッパで成立した国民国家は、封建の世とはちがい、まず第一に国民は法のもとで等質であることでした。国民たちがたがいに等質であるがゆえに、自己と国家とを同一視するようになったといわれています。明治立憲国家においても、このことはかわりません。

憲法をもった日本は法による国家になりました。明治は、その手習い時代でした。明治政府は、二人の法学者を英国とドイツに派遣して、解釈学を確立させました。確立されたのは、やっと大正初年でした。皇太子だった昭和天皇は、徹底的に憲法教育をうけられたのです。

その生涯は、渾身《こんしん》でもって憲法の人でした。

明治憲法は、三権（立法・行政・司法）が分立している点で、堂々たるものでした。行政の代表はむろん内閣でした。首相もまた国務大臣の一員で、さらに重要なことは、その国務大臣たちが、一人ずつ天皇に対して輔弼《ほひつ》（たすけること。法律用語でした）するという責任をもっているということでした。

しかもその責任は首相以下の国務大臣において最終だったのです。

最終とは、責任が天皇にまで及ばないということでした。

このことは、法という以上に哲学に似た微妙な内容をもっています。このあたり、英国の国王における〝君臨すれども統治せず〟というのに似ていますが、明治憲法下での天皇という場《ば》は、仏教でいう空《くう》という哲学概念が法制化されたものと理解したほうが、いいかと思います。

憲法上の天皇が、空《くう》の場にいるということは、政治・行政でのいかなる行為もしないというものでした。くりかえしますが、責任はすべて首相以下の国務大臣、および参謀総長（陸軍）・軍令部長（海軍）などにありました。

ところが、昭和に入って、三権のそとにあった陸軍の参謀本部が「統帥権《とうすいけん》」というとほうもないものをもちだしたのです。

この権によって軍は昭和六年（一九三一）に〝満州事変〟をおこし、とくに昭和十三年（一九三八）には国家総動員法というものがつくられ、事実上、軍（統帥権）が国家をまるごと呑《の》みこんだかたちになりました。

つまりは、統帥権が、立憲のいのちともいうべき三権に超越する存在になったのです。

七年後に、かれらが国家そのものをつぶしたことは、説明するまでもありません。

統帥権をここまで肥大させたのは、〝法による国家〟（立憲国家）を愛しぬく情熱が、一般にまだ未熟だったのかもしれません。

そのような前述の〝七年間〟においても、天皇は憲法上のご自分の〝空《くう》の場〟をつらぬかれ、ナマミの政治行為者になるという〝違憲〟を決して犯されなかったのです。

説明風に申しますが、陸軍の参謀総長もまた、内閣の国務大臣と同様、輔弼の責任をもっていました。責任は、この場合も、参謀総長において最終でした。最終であるということは、前述の〝七年間〟にあっては、参謀本部さえその気になれば、議会にも首相にも内緒でなにをやってもいいというものだったのです。げんに日中戦争をやりながら、太平洋戦争もやるという、信じがたいことをかれらはやりました。

この〝七年間〟の局面においてさえ、天皇は空《くう》に徹しぬかれました。くりかえしますが、それが天皇の明治憲法における立場だったのです。

世界史のなかで億兆の人生が生死しましたが、このふしぎな法的存在についての苦悩ばかりは、たれも味わったことのない性質のものでした。

もっとも、ただ一度だけ、この空《くう》の場から出られたことがあります。鈴木貫太郎首相以下に示された終戦のご決断でした。天皇としては、違憲行為でした。

戦後の日本国憲法で、天皇は「象徴」ということになりました。これもまた人類の歴史に経験例のない法的存在でした。それを、ナマミの感情と肉体をもちながら、みずから法に化したがごとくになしとげられたのです。

私どもの涙は、そういう稀有《けう》な偉大さにこそそそがれるべきだと思うのです。ただ、そのことを思うと、あらたに涙のあふれる思いがします。後世のひとびとも、きっとそうにちがいありません。

〔「産経新聞」朝刊、一九八九年一月八日〕

〈岩田専太郎　画家　1901〜1974〉

後世に遺《のこ》るべきもの（『岩田専太郎さしえ画集』）

岩田専太郎という存在とその画業について語ることは、私のような小僧が出る幕ではないといううしろめたさがある。私の小学生のころ、氏は挿絵の世界の大御所であった。

私が新聞社に入ったころの重役の一人で前田重信という人が岩田画伯および川口松太郎とは小学校以来の親友で、この三人の友情の厚さについては、よく知られている。歳月が経《た》ち、私が新聞に「竜《りょう》馬《ま》がゆく」という連載小説を書くことになった。新聞小説はかつて中外日報という日刊の古い宗教新聞に「梟《ふくろう》の城」という小説を書いたのが最初の経験だったが、このときは挿絵がついていなかった。挿絵つきの新聞小説などははじめてだったし、なによりも私は自分の作風がどうも変ちくりんなもので、とてもこの変な作風をよろこんでくれる画家など、居そうにないとおもっていた。ついでながら、私は新聞記者の最後のころは大阪本社の文芸担当者で、日常の作業として新聞小説をあつかっていたし、その前は美術評を書いていた、という履歴でいえば、絵のことも新聞小説のこともわかりそうなものだが、しかし造幣局で硬貨を作っている工員に経済の動向がわからないのとこのことはどこか本質として似ているような気もし、ともかくも右のことで悩んでいた。たまたま前田重信氏に出会ったので何気なくそのことをいうと、

「イワタが、イイダロウ」

と、震災前の古典的な下町の発声法で言い、すぐ電話機をとりあげて岩田氏にその旨《むね》を言ってしまった。私はそれまで岩田氏の名前など念頭にも浮ばなかった。相手は私の子供のころからの大御所だし、自分の書くものにつきあって貰《もら》えるとは頭から考えられなかった。それに氏の画風と私が適《あ》うとも思えず、もし考慮の時間があるなら、私は遠慮して退却していたにちがいない。前田重信氏にすれば、一瞬の考慮ながら、読者になじみのうすい私の作品には、やはり岩田専太郎という巨大な名声の介添えが必要だと思ったにちがいない。

この連載の挿絵は、みごとなもので、岩田氏の新境地をひらいたものとされた。私の小説の作法は、現実の事象をもって噴火口の火口壁を作り、そのなかの火口という空虚なものを暗黙のうちにあらわしたいというもので、その意味での観念性がある。氏はその観念性にまでつきあってくださった。みごとな象徴的表現を用い、ときに一種の抽象画風の造形をつくりあげたりした。

このときも、またのちに『峠』につきあってくださったときも、同時期に他の刊行物に描いておられる画風とは、描写法から造形感覚まで違えて表現されていた。同時期の作品でもそうだが、画歴の上からみてもそうで、この人の才能の華麗さは、明治以後の画家の中でその点もまったく類を見ない。毛彫りのように精密な描写法があるかと思うと、薪《まき》を割ったように造形の面白さにのみ主眼を置いたものがあり、あるいは光と影で立体感を描写しているかと思うと、光琳《こうりん》風の平面の面白さや装飾性のたのしさを正面に出しているものもある。手を変え品を変えしつつも、その動機は決して商業的なものではない。才能のあふれるという点では稀代《きたい》の人というべき氏にとっては、自分自身が退屈するということだけが敵であり、つねにあたらしいイマジネーションに核をあたえ、美としてまとめてゆくことだけが、退屈から自分を救いだす方法であったにちがいない。

氏の造形は、まぎれもなくセザンヌを出発点としている。その骨格に浮世絵が完成した線をあたえ、光琳がつくりあげた面をあたえ、近代の写真芸術が展開した視角をあたえ、ときにそれらをすべてやぶり、まれには一個のオブジェとして肉感だけを表現し、さらにしばしば、皮膚と絹のやわらかい膚質《はだしつ》を白と黒だけでみごとに表現し、形と影の分解と結合、もしくは溶融、もしくは塑成《そせい》という変化を、すこしもみずから倦《う》むことなくやりつづけた。

日本の芸術界には、農村根性のような排他性があって、そのことは芸術とは何の関係もないくせに芸術論の仮面をかぶって論じられる。棟方《むなかた》志功《しこう》の生前、画壇から差別されたのもそのことであり、岩田専太郎にいたっては、無視された。しかし大正・昭和期の画家たちで後世の批判に耐えうるとなれば、その人数は寥《りょう》たるものといっていい。棟方志功と岩田専太郎という、非画壇的な画家と画業は、かれらが世を去ったこんにち、いまあわただしく評価を確立しておかねば、同時代人として後世から嗤《わら》われるような気がしてならない。

〔『岩田専太郎さしえ画集』序文、毎日新聞社、一九七六年一一月〕

〈海音寺潮五郎　作家　1901〜1977〉

海音寺潮五郎氏のこと

先生、ハジメノ名ハ東作、ノチ潮五郎ト改ム、諱《いみな》ハナニ、何ト号ス、薩州《さっしゅう》大口ノ人ナリ、幼ニシテ鹿児島県立加治木中学校ニ学ビ、長ジテ郷関ヲ出、伊勢《いせ》宇治山田倉田山神宮皇学館ニオイテ国文、漢籍、史学ノ業ヲウケ、シカレドモ四年ノ業ヲ修セズ、翻然東上シ、国学院大学ニ移籍ス。

漢文風に書けば、氏の半生の前半はこうなるのだが、それ以上のことはほとんど存じあげない。

その必要がないからである。なぜならば私は幸運にもなまの氏の風韻、謦咳《けいがい》を知っているからである。

歴史小説を書くについて、とりあげるべき人物の履歴の断片々々はできるだけあつめねばならないことは当然だが、しかしそれらの断片そのものについては歴史研究者なら重大な意味があるにしても、作家のばあい、せっかくあつめたそれら断片々々は、それそのものについてはなんの、もしくはさほどの意味もない。断片々々は、その作家にとって見たこともない人物がどういう人物であるかということにせまるための想像の刺激剤でしかないのである。ところが氏と私は幸い同時代人であり、さらに私は氏に親炙《しんしゃ》し、かつしばしば対面することにめぐまれている。想像の刺激剤などむしろ邪魔であり、そのために断片々々を知ることを怠ってきた。しかしながらこの月報を書かねばならないということで、いま難渋している。

この欄は、氏の人としての何事かを書くための欄である。しかし私にとって氏は、書いて世にしらせることなどよりも、私自身が、なまに氏に会っているだけでもう百も満ち足りているということであるだけに、書くことが、なにとなにがあるだろうかとおもうのである。私にとって、その人の前で寝そべりながらあほう口をあけて喋《しゃべ》りたいだけのことがしゃべれるというひとは、氏しかない。

師であるのかとおもうが、小説の世界は儒教や茶道もしくは宗旨のような道統というものがありえないから、師ということはどうもそぐいにくい。しかも齢《とし》が、二十あまりも私のほうが後れている。さらには、私の心を鼓舞してくださったことで、はかりしれぬほどの恩義をうけた。師弟というこの俗に堕してしまった言葉によごされたくないつながりであると、私はおもっている。

「いま、会いたいと思う人がある」

と、氏はある夕、夫人にいわれた。夫人は、それはきっと司馬さんでしょう、といわれたそうである。この話をあとできき、私は心がさざなみ立つ思いだった。私もしばしばそうおもい、そうつぶやくことがあるのである。げんにことしの正月、氏の那須《なす》の山荘におしかけ、窓の外の冬の雑木林を見ながら、二日間、四十時間、しゃべりにしゃべって氏もまた疲れず、私も睡眠をとることが惜しくてたまらなかった思いがある。

ところで、そのとき会いたいと思うひとは、ざんねんながら私ではなかった。

「森脇《もりわき》将光氏だよ」

と、氏は奥さんにいわれたそうだ。

森脇将光というひとはその当時、日本一の金貸しといわれた人物で、金を貯《た》めることと政界の内情を調査することに異常な情熱をもち、ほどなく国税庁の手入れをうけ、個人としては空前の脱税王といわれた。むろん氏は、森脇という人物とつきあいがあるわけでなく、新聞記事で知っているだけである。人間についての好奇心のつよいこのひとは、森脇という人の金銭についての情熱の出所やらそういう性格というものやら、あれこれ考えてゆくうち、ふと、こういう金貸しというものの行動の強烈さは、金をつかうことの面白さをあたまから知らぬところにあると気づいた。

ところが、世の事はうまくゆかぬもので、氏はそれが好きなのである。つまり、理屈にあわぬ浪費がすきで、その浪費というのも、ある種類にとくにかぎる。

家をやたらと建てちらすことである。

ところが、氏は作家だから、収入の七割以上は国庫と東京都にもってゆかれて、やたらと建てるほどの金などとうていない。だから脱税王にそれをすすめ、世の中にこれほどおもしろいことはないと思うのだがあなたやってみませんかと説得してみたいというのである。

子供のように無邪気な話だが、もともと大人の道楽というのは子供のあそびの原型を拡大したもので、本来、子供っぽいものであり、それが子供っぽければ子供っぽいほど、道楽として純粋であるということになる。

氏は、経理の前後もかまわずに家をたてる。どの家も、氏が可愛《かわい》がっている芸大出の若い建築家に自由自在にやらせ、いっさい文句をつけないばかりか、建築中の現場へもゆかず、ひどいばあいは、ある農村に数年前に出来あがってしまっている家にも、いまだ行ったことがない。家族のひとびともゆかれないし、竣工《しゅんこう》後、戸がしまったきりという家もある。建築デザイナーにとってはこの世ならぬいい施主《せしゅ》で、建築雑誌にのせてその世界の目をうばうためのじつに変な、思いきった建築をする。

「せめて竣工した家を、見にだけでもいらっしゃったらどうです」

ときいても、いや行きませんな、とにこにこして、もうそれでいいんです、と多くを説明されないから、気持のほどまではわからないが、なにかわかりそうな気がする。

要するに、大将なのである。建築家は侍大将で、大将は部下の侍大将に、「君の思ったとおりにやりなさい」という、そのただひとことで大将たる器量もきまるし、厳密にいえばそれ以外に大将というものの定義はないのだが、つまり、これを道楽とすればそれをひとことというための「大将道楽」というものであろう。大将は、責任だけはとる。つまり金だけは無理算段してはらう。出来あがった奇妙な家は、むろん場所もへんぴだし、建物が建物だからまず売れない。それに建てても売っても維持しても税金がたくさんかかるので、金銭利益にはいっさいならないから、骨董《こっとう》道楽よりもはるかに道楽としては純粋である。

考えてみると、これほど奇妙な道楽はない。

小説を書くということは、一種の怨念《おんねん》のようなものがそれをさせるのかもしれない。

私は粗放な少年だったが、十代のおわりごろになって急にまわりの友人も生活もすべてくだらなくなり、小説のなかに自分を見出《みいだ》したいという渇きというか、そんなものをおさえかねた時期がある。かろうじてそれをおさえたのは、自分をどうひいき目にみても才能はないというあきらめであった。そういう願望の代替心理として行動性にあふれた生涯を夢想した。蒙古《もうこ》へゆけばそういう生活があるだろうとおもった。結局は兵隊にとられたりしてその願望もついには少年の夢におわり、戦後、職業についた。しかし小説を書きたいという気持だけは、怨念として残った。かといって小説のまねごとでも書いたわけではなく、このことだけは懸命にあきらめつづけていた。しかも面倒なことにその願望が怨念になっているために、文学青年たちから必要以上に離れていた。友人たちのたれかが、じつは僕は小説を書いている、などと一声でもいうと、もう私はその友人から離れた。こういう奇妙な心理は、それなりにつきつめてみると面白いかもしれないが、それはこの稿の目的ではない。

　臆面《おくめん》もないというが、三十を過ぎると、羞恥心《しゅうちしん》も薄れ、食い物や人間についての好ききらいもすくなくなってきて、どこかたがゆるむのかもしれない。新聞記者をしている仕事のなかで偶然得た友人が、小説を書いていた。彼が、おまえも書かないかといってくれたとき、彼の人柄にもよるが、うまれてはじめて自分をそのことに釈《と》き放つことができた。彼が懸賞小説をすすめた。懸賞についての規定が掲載されているいくつかの雑誌の切り抜きも送ってきてくれた。そこではじめて小説を書いた。

書いた、といってもじつにやみくもなもので、文章の最初はマス目を一字空けるということも知らず、句読点がマス目の一字ぶんであるということも知らず、要するにラケットの持ち方も知らない男がテニスコートにあらわれたようなもので、あら選りの段階で落ちてしまった。当時、その雑誌の編集部は、あら選りを外部のひとの何人かにやらせていた。そういう玄人《くろうと》たちからすれば、原稿を書くについての小さな約束すら知らないこの応募者の原稿を、心証的にもよく評価できるはずがないであろう。

　ところがまた偶然なことに、それがひろいあげられて予選を通過し、選考委員会で幾人かの選者の合評にかかった。

　いまからおもっても変な小説であった。題は『ペルシャの幻術師』というもので、モンゴル人がペルシャ高原を支配したころを舞台としており、そんな舞台を考えたのがいけないのだが日本人というものが登場しておらず、出てくるのはえたいの知れぬモンゴル人とペルシャ人ばかりであった。だいたいの選者がこの作品を無視し、一人の選者がまことにもっともな理由で痛烈にこれを否定し、ただ一人の選者がそれ以上のはげしさでこれを推賞し、やっと他の応募作品と抱きあわせというかたちでほかの選者も承知し、入選した。

　そのただ一人で推賞してくださったというのが、私にとって未知の海音寺潮五郎氏で、合評の座談会をよんでそれを知った。あまりの過褒《かほう》に、読んだあとぼう然とした。私にとって奇妙なことにあの作品をけなした選者のことばのほうがよく理解できた。小説作品の批評というのは、一面、あの女性は美人かどうかという論議に似ている。けなす側は、彼女の顔は鼻孔が見えすぎているとか、小鼻が張りすぎているとか、まつげが短かすぎるとか、生えぎわがもっと濃くありたいとか、部分々々の形象観察において的確であり、その当人もみとめざるをえないほどに説得力もある。が、ほめる側に立つと、部分々々の形象の問題をはずすか越えるかしてしまって、いきなり魅力があるかないかの、右とはまったくちがう次元においての議論になる。選者海音寺氏は、そのようにして私の作品をほめてくださった。しかし、当の私には、自分の作品の形象的欠陥はわかっても、魅力などはわからない。念仏は地獄に堕《お》ちるたねなのか浄土に生ずるたねなのかよくわからないが師の法然《ほうねん》がこれは浄土に生れるたねであるとおっしゃるがゆえに私は念仏を信じ参らせている、という親鸞《しんらん》の心境のやや擬似なる心境をおぼえ、少年のころからあきらめていた自分の才能に、かすかな自信をもった。私のような、自分に対する疑いぶかさと臆病さを人並みか、それ以上にもっていた者にとってこれは大層なできごとであった。

　その授賞式に出かけてゆくと、式のはじまる前に、編集部のきもいりで、選者の諸家との対面があった。他の選者は言葉かず多く私に話しかけてくださったが、海音寺氏のみはむっつりだまっておられる。ほめすぎて照れくさがっておられる様子であることが、初対面の私にもよくわかった。ほめられすぎた私も、お礼をいうのも阿諛《あゆ》のように思われ、なにもかも羞《はずか》しく、なぜ懸賞などに出したかと悔まれるほどで、つい無口になり、顔をあげて氏と目をあわすことをおそれた。これが、海音寺氏と私とのはじめての出会いで、いま思いだしても、あの三十分ばかりの時間はいやだったとおもう。

「あの多弁な司馬くんが、はじめて会ったときはおそろしく無口でしたよ」

　と、氏はのち他の人に語ったというのをその人からきいたが、私も申しあげたいことはあのたたずまいの磊落《らいらく》な氏が、妙に気はずかしげで、こいつのためについ大人げない力を入れてしまっていま思いだしても冷汗ものであるといったふうの様子であったし、いまおもいだしても、そのことばかりはおかしい。もっとも、薩摩人というのは人見知りがつよく、初対面のときはきわめて風土的な微笑を唇の両はしに溜《た》めたまま無口でいる。そういうことを、他の多くの薩摩人の例からみて、あとで気づいたことなのだが、あのときの氏も、相手が若僧ながら、そういう風土的な心理の習慣を、わずかながらお出しになったのかもしれない。

　そういうことのおかげで、私の自分の才能に対する閉鎖的な気持がほぐれ、それ以前のいじけた気持からみればまことに笑止なことに同人雑誌に一つ二つ作品を書くまでになった。最初に書いた作品――右の『ペルシャの幻術師』からみれば二度目の作品だが――は、これまた妙な小説で、題までが制限漢字のどうしようもないものであった。つまり、『戈《ご》壁《び》の匈奴《きょうど》』という。ジンギス汗が西夏というオアシス国家に執着をもったというそれだけの主題を、自分でもままならぬほどの熱っぽさで書いてしまった短編である。これも日本人が出て来ず、このころになると日本人が出てくる小説を書くことに、私はあきらめてしまっていた。

書いている途中から、われながら悪作だとおもい、同人の仲間にもそういった。その友人は、では天下第一の悪作を書け、と私の気持をときほぐしてくれた。

それが雑誌になると、響くようなはやさで氏から、持ち重りするほどに重い手紙を頂《ちょう》戴《だい》した。それすら望外なことであるのに、ひらくと、ながい巻紙があらわれ、私を身も世もない気持にするほどにその作品をほめてくださっていた。このときのうれしさは、正確にいえば衝撃といってよいほどで、衝撃のあまり、私は自分に対し、小説を書く一生をえらぶほうがいいとひそかに宣告した。

以上のようなことは私事のなかでも門外に出す必要のない私事に類している。ことごとしく書いてひとに読んでもらったところでなんの意味もなさないとおもっているが、氏の全集の読者のためには多少の意味をなすかもしれないとおもって、あえてこの話題をえらんだ。

〔『海音寺潮五郎全集 第九巻・第六巻』月報、朝日新聞社、一九六九年一〇月・一一月〕

〈小林秀雄　文芸評論家　1902〜1983〉

本質うがち光源を発見（「私にとっての小林秀雄《ひでお》氏」欄）

小林さんは、光源を発見する人だった。ゴッホの絵でもドストエフスキーの作品でも音楽でも、先入観を交えずに、じっと穴のあくほど本質を見つめていくうちに思想ができ上がっていく。本居宣長《もとおりのりなが》でも、宣長の精神の奥に光源をみつけたのだろう。

全身が目玉のようになって生まれた小林さんだが、多くのモノを見ようとはしなかった。周りの状況や流行を一切、気にせず、自分がわかって面白いもの、不思議なものをキリでうがつように彫っていった。一時期、杯や勾玉《まがたま》、刀のつばを集めておられたが、しばらくするとブームになって骨とう屋が買いにくる。商売をする気など全くないのに、小林さんがドリルで掘り進んで、光を見極めたころ、世間は小林さんの掘った穴を面白いという。思想についても同じことがいえる。

二十年ほど前から、私が上京すると一緒に酒を飲むようになった。二十歳年長だし、非常に偉い人なのに、同席しているときは、どんな権威も受けつけない「書生」という感じが強かった。

〔「朝日新聞大阪版」夕刊、一九八三年三月二日〕

〈吉川幸次郎　中国文学者　1904〜1980〉

結晶化された鴻儒《こうじゅ》——吉川幸次郎氏を悼《いた》む

吉川さんは、みずからを儒者であると規定しておられた。ときに微醺《びくん》を帯びて、

「貴国《おくに》のひとたちは」

と、いわれる。ご自分のほうは、わが国はそうではありません、というぐあいで、この場合の「わが国」はおそらく中華人民共和国とか中華民国といった次元のことではなく、ご自身の想念のなかにありつづけている儒教文明の国というものであったろう。十九世紀以来の国家意識がこの碩学《せきがく》をつよくは拘束せず、文明意識のほうに籍を置いておられた。

むろん、この諷辞《ふうじ》は、自他ともに害がない。

むしろ痛烈な批評精神から出ているようでもあり、自他をそのように諧謔《かいぎゃく》をこめて（あるいは本気で）区別することによって、自分の学問と思想と詩精神を時勢の風浪から護《まも》っておられるようでもあった。あるいは上方《かみがた》ふうの、うそとまことの境目を楽しむという一種の文学的感興が根になっていたともいえる。

「私は、仏教にはなずみませんから」

と、日本に渡来して千四百年以上にもなる仏教というものを、遠い無縁のものとして置かれていたのも、ご自分の儒者意識を純粋に保っておくための重要な姿勢だったにちがいない。

日本では儒も仏もおなじ漢文表現として受容されたために、いわば雑居してつづいてきた。仏僧が漢籍を講じるということも、とくに室町以後、ごくふつうのことのようにおこなわれた。仏は、儒という研ぎすまされた形而下《けいじか》的思想からみれば狂そのものといっていいほどに形而上的なもので、そのふたつが同一人格のなかで混在されてよいはずがないという、うるささとやかましさが、吉川さんにはあった。むろん、この自分へのうるささやかましさも、さきの上方風の文学的感興というものが根になっていたから、自分を痩《や》せさせることなく、逆に精神の内分泌物質になっていたように思える。

明治、大正の学者や文人に往々見られたシナ趣味というものもこの人になかったばかりか、意識しての敵でもあった。そういう趣味意識で、自身の学問と思想の透明度がにごることをおそれられたにちがいない。

「私は、純粋培養でした」

とも、よくいわれた。ご自分の学問の出発点についてのことで、おそらく昭和初年、国の留学生として北京《ペキン》で学ばれたことを指しておられるかと思われた。このことは他律的にそうであったというよりも、自律的にそのように心掛けられたということであったろう。同じ留学生であった倉石武四郎《たけしろう》博士と、帰国後も中国服を着、中国語で話しあわれたことなども、そのことでの一挿話《そうわ》といっていい。

日本の中国学については、平安朝の遣唐使廃止以来、漢文を訓よみすることによって学ばれてきた。昭和初年になってようやくそういう「漢学」から離れて中国学がたてられるべき機運が熟し、吉川さんらの留学となった。氏の純粋培養とはそのことをさしているのだが、くりかえしいえば、その後の培養は、以上のように吉川さん自身の事に属する。そのことによって、現実の中国にも存在しなくなった鴻儒が成立したのである。
氏が偉大な文学者であったことは『吉川幸次郎全集』によってあきらかだが、そのうちの「清虚の事」を読むと、

——王侯に事《つか》えず、其《そ》の事を高尚にす。

という易経のことばが引かれている。「この言葉は、甚《はなは》だ早くから私の心にあった」とあり、その意味として、唐の孔穎達《くようだつ》の注釈がひかれていて、巻末の文章の結語になっている。
「復《ま》た世事をもって心と為《な》さず、職位に係累《けいるい》されず、ただ自《おの》ずから尊高して、其の事を慕

尚するなり」

まことに、時間や空間を超越し、その存在そのものが儒教文明の大きな結晶のようであった碩学の精神と生涯をあらわすについても、適しすぎるほどのことばであるといえる。

〔「読売新聞大阪版」夕刊　一九八〇年四月九日〕

貝塚茂樹『中国の古代国家』について

〈貝塚茂樹　中国史学者　1904～1987〉

時代の中で生きることは、たれでもそうだが、どの部分かで、自分の精神の自由を売っている。画家は自分が単に様式史の先端にすぎない場に身を置いていることでモダニズムを手に入れていると信じているし、作家は、ムラ根性にすぎない仲間意識を自分も共有しているかどうかで安堵《あんど》の根を見出《みいだ》しがちだし、学者はその所属する学界のごく時流的な嗜《し》好《こう》にすぎないものからまったく独立することに臆病《おくびょう》であり、本来の自由をもっているはずの思想家すら、暮夜ひそかに孤独を怖《おそ》れる瞬間があるかもしれない。

貝塚茂樹氏の場合、その業績や著作に接するまえに、この人が、日本でもまれな自由の確保者であることを知っておかねばならない。その文章も人柄も柔軟で、信念が岩のように露出しているわけではないが、余人にどうすることもできない岩盤のようなものを包みこんでいる。氏は日常のささいな挙措や言動においても、自分の自由を確保することに神経をつかい、しかも他人にとってそれが重さとして感じられず、快感としてさえ感じられる。

氏はよく知られているように、若いころ、甲骨文という、文献学と考古学の中間のようなものに着目し、その分野に、実証主義そのものの学問の根をおろした。多分に偏執的なほどののめりこみ方を必要とする分野だが、氏はそういう姿勢からも自己を自由にして、しかも世界的な業績をあげた。

本来ならそのことだけで一代を費して学者として十二分の栄光をもつものだし、農村根性のつよい日本にあってはそのことのほうが学界の嗜好には適《あ》いやすいかもしれない。が、氏においてやみがたいものは人類と人類文明への関心のつよさであるらしい。もっともそのことが長い時間のあいだ、氏にとっての余暇のたのしみであった。その間、氏の専門的分野が充実し、それと同時に（ふしぎな精神の機能だが）氏の裸眼が見つめている世界がひろがり、そのうち中国に統一をもたらした毛沢東氏に対してまでぶきみなほどに冷静でしかも自由な観察を持った。かとおもうと盛り場で消長する瑣末《さまつ》な風俗現象、もしくは人間の集団の現象も、あふれるような知的好奇心の対象になった。その無数かつ複雑な収穫を収斂《しゅうれん》されては、やがては慎重に法則化された。この氏における余暇の部分で成長したものが、私どもの気づかぬうちに大きな歴史思想を育てていたのだが、しかし氏の書斎からはこの部分は出ることを吝《お》しんでいた。

そのうち私ども一般の読者をおどろかしたのは、なんといっても数年前に刊行された『中国の歴史』であった。私は大きな文明体験を持ったことのない民族からはすぐれた通史を書ける歴史家は出ないと思っていた。氏のその面の出現によってこのことが破られたのだが、同時に日本の歴史段階での一つの成熟が、氏のその面とその作物を生みあげたともいえなくはない。

人類がどのようにして文明という普遍的な集団生活の方法を生みだしたかについては、中国の古代は、その重要な部分を占めている。わずかな文献、さらには氏の分野である甲骨文、あるいは古代世界からすこしずつ贈られて来る考古学的出土品によってしかわれわれは古代を視覚化することはできない。それには厖大《ぼうだい》な専門的学殖のほかに、人間とその文明を洞察する稀有《けう》な叡智《えいち》を必要とするのだが、この本を読みおえたとき、そういうもののみごとな充実を感じた。この著作そのものに触れるまでに紙数はなくなったが、ともかくもこの書物は、以上のような知的空間から所産されたものであることを理解してもらえれば、紹介者の役目のわずかな部分は果たしえると思っている。

〔「週刊ポスト」一九七六年九月二四日〕

〈桑原武夫　仏文学者　1904〜1988〉

世界像の造成者（『桑原武夫傳習録《でんしゅうろく》』）

ある年、私とほぼ同年の橋本峰雄氏に中国の江南地方への私費旅行を誘い、同行者の人選を一任しておいたところ、伊丹《いたみ》空港から上海《シャンハイ》への飛行機に乗りこんだひとびとのなかに、桑原武夫氏とその夫人、さらには小川環樹《たまき》氏がおられた。

ずいぶん物怖《ものお》じをしない人選だとおもった。

ちょうど桃の季節で、蘇州《そしゅう》、九江《きゅうこう》の風と光がやわらかく、廬山《ろざん》では松梢の緑がひときわ濃く感じられた。

この道中、私は桑原武夫氏の風韻については、些末《さまつ》なことまで想《おも》いだすことができる。

明治末のうまれでありながら、その外貌《がいぼう》も精神も、老いの印象を一瞬もうけなかった。

その十分に鍛えられた筋肉はどういう場合も身動きの瑞々《みずみず》しさを保たせていたし、独自の世界像を構築するための多様な知的好奇心は相変わらずわかわかしい弾性を感じさせていた。

たとえば同行者に、考古学出身の若い文化人類学者である松原正毅《まさたけ》氏がいた。氏が、松原氏と汽車で隣りあわせたときの一情景がある。この人が、相手に対し、深い場所から本音を言わせ、自分もそのレベルで本音を言いたいときに見せる独特の表情でもって、つぶやくように、隣席の若い松原氏に問いかけた。

「松原さん。考古学というのは、……どういいますか……」

適当なことばをさがしているようなふりをしつつ——じつはすでにその豊富な言語量のなかから内々は的確な表現が選ばれてしまっているのだが——礼節と偵察のために瞬時のためらいを見せる。やがて、小さな声で、

「アミューズメントではありませんか」

と、いった。横にいた私のほうが松原氏のために私《ひそ》かに狼狽《ろうばい》した。

「桑原さんは、もしうまれかわったら、考古学を基礎とした文化人類学をやりたかったということで、かなりやきもちがおありになるんじゃないですか」

といったりした。

兵語で、こういう場合の桑原氏のような物言いを探索射撃という。藪《やぶ》のなかに敵が居そうな場合、念のために射《う》ちこんでみて、反応を待つのである。それにしても、情熱的な研究者の多いその分野について、その本質は娯楽ではあるまいか、などというのは、小銃程

度の探索射撃でなく、こまかい数式を用いて大きな砲弾を飛ばしたにひとしい。この場合、相手がどう答えるかについては、相手の文明論的な能力や、学問一般の本質に関する思考の質や密度にかかわっているのである。桑原氏はそういう射ちかえしを期待していた。

　ただし、藪の中の松原氏が、わざとにぶく反応してすぐさま射ちかえすことをしなかったのは、したたかで、みごとであった。

　ここで重要なのは、質問者のほうである。桑原氏が、他にもこういうことを言った記憶が私にある。たとえば、かつて経済学というものの予知能力のなさについてふれた。経済についての予知能力をもたない経済学というものが、はたして社会科学としての基盤の熟成した学問であるかどうかという、とほうもなく根元的な命題をほんの雑談程度の軽さで提示して、それとなく探索射撃を試みたのである。おそらく学問とは何かという基本的な思考が、この人のなかで、いまなお活性的でありつづけているということであろう。

　桑原武夫氏と、思想家として不離に隣りあわせていると見るべき今西錦司《きんじ》氏が、狭い専門を設定して自分のすべてをそこへ閉じこめてしまう閉鎖指向者でないように、氏も、フランス文学や、その芸術論、あるいはときに哲学といった閉鎖群に自分を閉じこめることをしなかった。

　しかし野に出てそのあたりをやたらに食いちらすディレッタントではむろんなく、広野に出る理由は、氏において鮮明である。人間の本質を知るために、さらには人間が営む社会というふしぎなものの本質を見明かすために、世界が白日にさらしつづけている大小のあらゆる破片を、広野においてあつめるためなのである。そのなかにたまたま経済学や考古学が存在しているにすぎず、また平和という今世紀の人類にとって外《はず》しがたい課題もふくまれていれば、初代春団治《はるだんじ》の話術のぬめりも存在している。インドの知識人が英国人に見せる陰翳《いんえい》もその中にまじり、さらには、パリにおける色彩統制という思想の統制にかかる課題もある。すべての破片群は、氏においてたんねんに掌の中で真贋《しんがん》が試めされ、本物とみれば、この人が造営しつつある大きな世界像のほんの一部に、慎重な手つきではめこまれる。その世界像はつねに未完成ながらつねに完成して生きており、それ以上にふしぎなことは、破片たちが、完成像に参加することによって部分的生命をもつのではなく、一個を取りはずしても破片それ自体が一つの生物として（つまりは生きた文脈として）蠕動《ぜんどう》し歩行し、ときに飛翔《ひしょう》しているということである。

　かつての世紀においては、こういう選択と総合の作業は大哲学者の分野であった。哲学が諸学の王者であることをうしなったいま、桑原武夫氏が、既成の学問の名称という権威の冠を頂くことなく、一見、無造作に、しかも天与という稀有《けう》の才質の者のみがもつ透明なあかるさをもって、右のような営みを倦《う》むことなくつづけている。おどろくべきことである。

〔『桑原武夫傳習録』跋文、潮出版社、一九八一年四月〕

三岸《みぎし》節子の芸術

〈三岸節子　洋画家　1905〜1999〉

三岸節子の生地は、いまの愛知県尾西《びさい》市である。ふるめかしくいうと、尾張国《おわりのくに》中島郡のなかの起《おこし》という大きな集落で、小字《こあざ》は旧郡名とおなじ中島である。いまは付近の小信《このぶ》という集落とひとつになって「小信中島」とよばれている。

「小信中島」というのは、美濃《みの》と尾張の野を劃《かく》して流れる木曽川《きそがわ》が沖積《ちゅうせき》してできた野で、すでに奈良朝のころから広やかな美田であったらしい。

「小信中島」のあたりは、じつにめずらしいことだが、戦国期から機業が発達していて八丈絹を生産していた。織田信長《おだのぶなが》が本営を岐阜城に進めたとき、中島郡の織工をおおぜい城下に移したというから、日本でも最も古い商工業地だったということがいえる。人の智恵《ちえ》や感受性、もしくは合理主義的な思考法が、まだ中世の闇《やみ》のなかにあった日本の他の多くの地方よりも抜きんでていたといえる。

この伝統が、江戸中期にあっても衰えず、中島郡一帯に機業がさかんで、とくに綿結城《めんゆうき》縞《じま》や留縞《とめじま》を織ることを得意とし、江戸後期にはさらに新工夫が出て、細糸のものを出すにいたった。いまでいえば、光沢のあるブロード織に近づいたというべきであろう。

　このような風土にあっては、人間の脳細胞はたがいに刺激しあってじつに活発にうごく。幕末の文久のころに、西洋織物が入ると、みごとに風土化して、いよいよ細い糸で織り、明治中期には、木綿糸でもって絹織物に見まがうような感触のものを出すにいたった。このゆたかな工芸的風土のなかから三岸節子が出ていることに、あらためて驚きたいために、以上のことを書いた。彼女の実家は富裕な地主で、のち毛織物製造をも兼ねたという点、まことに「小信中島」そのものの土壌のように思われる。

　名古屋の女学校から東京に出て女子美術学校に入ったときから、彼女の才能はすでに尋常なものではなかったらしい。

　そのころ、三岸好太郎と知りあう。好太郎は、札幌という、都市設計そのものにおいて西洋文化の移植からはじまった町で少年期を送り、大正十年（一九二一）に札幌一中を卒業して、東京に出た。十八歳であった。米屋の配達や新聞配達をして働き、やがて母や妹を養いながら、油絵を独学した。このころ、《兄及び彼の長女》で春陽会賞をもらう。《崖》もこの時期、注目された。その前年の春陽会入選作である《レモン持てる少女》をもふくめ、かれが二十一歳前後に発表した諸作品が画壇にあたえたきらびやかな衝撃は、大正デモクラシーという時代的な光芒《こうぼう》とともに、ながく語り伝えられねばならない。

十九歳、好太郎が制作をはじめ、小さな場所で発表しはじめたとき、十七歳の女子美の学生だった節子と知りあうのである。女子美で油彩の基礎技術を学んだ彼女が、真に造形と色彩の世界に入りこむのは、好太郎という、変幻きわまりない天才を知ってからであるといっていい。

彼女は二十歳で、二つ年上の好太郎と結婚した。はじめて経験した生活苦や、日常そのものまでが詩人だった好太郎の言動への対応に疲れたが、強力な靭性《じんせい》にめぐまれた彼女の精神はむしろそのことによって勢いづき、成長した。

好太郎の生涯は、三十一歳までしかなかった。かれはそのみじかい時間のなかで、すぐれた作品をのこしたばかりでなく、めまぐるしく旋回する行動と精神によって、ひとの人生の何倍かを生きた。三岸節子は、そういう好太郎の精神と内臓の奥まで入りこんで、血や粘液にまみれたさまざまのものをつかみ出しては、昇華させ、表現した。

そのころの三岸節子には、すでにこんにちの巨大なる開花を約束するすべての天分がみられたが、しかし好太郎のように虚空《こくう》に閃《ひらめ》いてひらく華のようではなく、石の多い坂道を登る大型のいきもののように、足どりは着実でゆるやかであった。しかし夭折《ようせつ》した天才が時間切れのために伸ばし得なかったもっとも重要な部分を、彼女の一部として継承した。近年の三岸節子の作品のいくつかに、好太郎の最晩年の傑作《オーケストラ》（A）や（B）、あるいはその時期の《三人》《コンポジション》（A）をふと感じたりするのは、三岸絵画を鑑賞する上でのひそかな愉《たの》しみのひとつである。

結果論的と思われるかもしれないが、好太郎の画集をながめていると、このような才華は、ひらくだけひらいたあとどうなるだろうという不安がある。好太郎自身、節子が書いているものによると、「三十歳を過ぎれば死ぬという自己暗示にとりつかれていた」という。才能がおそろしい速度で旋回してゆく自分に、みずから不安を感じたのだろうか。

これは想像だが、三岸節子はいまでも彼女の奥にぶ厚い創作衝動がおこるたびに、しばしば好太郎が動いているのを感ずる時があるにちがいない。しかし節子においては好太郎はもはやなまでは片鱗《へんりん》も残っていない。たとえば好太郎における、ときに観《み》る者を途方にまよわせるあの中空に舞う唄《うた》は、節子においては肉体のなかにひそみ、色彩となって表現され、溶けこんでしまっているのである。さらにいえば、油彩のもっとも素朴な意味での技術は、はるかに好太郎とその時代のすべてのひとびとを——あるいはその後にやってきた人達をもふくんで——節子は超えてしまった。私は多くの日本人の油彩が、どうしてぺかぺかとして、滲《し》みとおるような実在感や、それそのものが自然物といった威厳（犬や猫あるいは樹々《きぎ》の威厳を連想されたい）を少ししか持たないのだろうということを考えつづけてきた。油彩が、物質として、日本人の肌合や感覚に適《あ》いにくいのだろうかとも思ったり、さらには、日本人はその感覚にそぐう絵具を発見すべきではないかというような放埒《ほうらつ》なことを考えたりしてきた。そのことは三岸節子においてはまったくあてはまらないのは、どうしたことであろう。

三岸節子の渡欧は、昭和二十九年、四十九歳のときであった。当時、日本人の海外渡航がまだ困難で、彼女自身、よほどの準備や覚悟もしていた。翌年、彼女が日本に帰ってきたとき、はじめて私はこのひとに会った。「帰りの船が沖縄に近づいたとき、ああまたあの水蒸気の国に帰るのか、と思いました」と、彼女がいったとき、このひとの色彩がみごとに乾いて発色していることを思いあわせ、さまざまなことを連想した。

私は当時、彼女が、やはり木曽川ぞいの町にうまれた川合玉堂《かわいぎょくどう》（一八七三～一九五七）と同郷に近いという知識をもっていた。玉堂は、水蒸気がつくりあげる自然を描くことですぐれていたが、ほぼおなじ風土にうまれながら、色彩が靄《もや》に遮《さえぎ》られず、形象が湿度でごまかされることのない情感と論理を好むということに、彼女の唸《うな》りあげるような本質を感じた。

帰国後、埴輪《はにわ》という、火で焼いてふたたび湿った土の性に戻ることのない膚質をしきりにモチーフにしたことも、右の乾燥好きと無縁ではないと思われる。帰国後の旺盛《おうせい》な創作活動のわりには、体が不調つづきであるということも仄聞《そくぶん》した。高温多湿という日本の環境は、彼女のからだにとっても、よくないのかと想像したりした。

私が彼女に会ったのは、この昭和三十年の帰国のときだけである。いのちが戦慄《せんりつ》しているような彼女の話し方は、私にとって忘れがたいものになった。

「オランダへゆくと、ゴッホと同じ景色がありました。ゴッホがデフォルメしたのではなく、ごく平凡に実在していたのです」という平凡な感想も、彼女がいうと、別趣なものになる。こう言いきったときに、彼女を縛っていた三十余年の呪縛《じゅばく》が、激しく解けてしまい、いままで謎《なぞ》にみちていた油彩世界に、素足で踏み入ることができた、というふうに受けとれた。「滞在中血を流して歩いていました」と不意に彼女がいったはげしい表現も、このひとにはいかにも自然だった。彼女は、四十代のおわり頃だった。それまで彼女の目を水蒸気の膜でもってへだてていたもの（油彩や、形、光、さらにはもののいのちというもの）の本質をこのとき確かに見た思いがしたのであろう。

年譜をみると、彼女の離日は、一九六八年・六十三歳のときである。長男黄太郎の一家とともに南仏に居を定めた。

この地の乾いた空気と、色彩のあざやかさは、彼女の中にあふれてしばしば出所《でどころ》をうしなっていた造形に自由をあたえた。私はそれ以前の彼女の芸術について小さな印象をもっていた。人間の情熱の量などたかが知れたものだが、ときに巨大な量を持ってうまれざるをえなかった人がいる。三岸節子が、そうである。彼女における生命の炎というべきもの、あるいは火にあぶられた磊塊《らいかい》ともいうべきものは、もし彼女が芸術家でなかったならば不必要に多量すぎる。彼女は幸いにして造形家であったために、その火に灼《や》かれることなく生きつづけることができた。彼女はその火を包みこんで発光させる作業をしつづけてきたが、若いころは、白炎のようなその気体が、造形につつみきれることなしに、なまの炎として噴き出ていた。それはそれで三岸節子の作品の魅力でもあったのだが、一九六八年以後、大きく展開した。造形そのものが隈《くま》なくそれを包みあげて、かつ内蔵された炎が、いちいち何かに驚きつつ発光するようになった。

われわれは、三岸節子のような画家をもうひとり持つことができるだろうか。

〔「三岸節子滞欧作品展」図録、梅田近代美術館編、一九八一年九月〕

〈肥原康甫　未生流八世家元　1905～1981〉

花と人（『日本のいけばな 肥原康甫《ひはらこうほ》』）

肥原さんとは、もうばかばかしいほどの歳月が経《た》ってしまった。

当時、新聞社につとめていた私はひまな仕事ばかりをしてきて、大阪に転任すると、美術というもっともひまな仕事をやらされた。

いけ花は、当時（昭和三十年前後）、草月流や小原流による刺激で、あたらしい造形の世界に踏みこんでいたから、できれば自分の視野のなかに入れておきたかった。

しかし個人的な好みとしては、鬼面《きめん》ひとを驚かすような造形を好まなかったので、もっとも古格な伝統を丁寧に育てつづけているような未生《みしょう》流の花に興味があった。

百貨店のこの流儀の展覧会などにまぎれこむと、前衛的な作品よりも、黄金分割の骨法と和敬静寂の心を守っているようなひそやかな作品のほうに、あざやかな印象を持った。

花好きは、古いころのインド人の風である。仏教（というよりも密教）の東漸《とうぜん》とともに、花好きの心が、唐の長安《ちょうあん》の一角に根付いた。投花ということばがあった。密教の行者《ぎょうじゃ》が、自分一代の念持仏をきめるとき、講堂のゆかの上にひろげられた諸仏の図のそばを目かくしして歩き、合掌する掌に花を一輪挟んでいる。合掌を開いて任意に落とし、目かくしをとると、自分の仏の上に、あざやかな紅色の花が落ちている。空海もまた長安の寺で、そのようにした。

私はこのインド的な行事が好きで、とても中国人や日本人の固有の感覚からは出て来ない宗教儀礼だと思っていた。

仏教の渡来とともに日本にもいけ花を好む風習がうまれたが、しかし飛鳥《あすか》期でも、奈良・平安期のころでも、それの風習は僧院の献花や供花の中でとざされていた。これがひろく庶民生活へ解放され、あたらしい伝統ができるのは、よく知られているように、室町になってからである。インドからやってきた花好きの習慣が、日本の庶民のくらしの中に入るのに、なんと長い歳月がかかったかと思うのだが、ひるがえって思えば、ながい時間をかけただけのことは、どこかで息づいているにちがいない。

こういう空想もしくは妄想が、未生流の展覧会の中を歩いていて、しきりにした。

肥原さんと知りあったのは、大阪の天満《てんま》の小さな未生流会館においてである。二階建のささやかな建物で、いまも当時と変らない。

肥原さんは家元さんのくせに、いつも俳句でいう端居《はしい》をしているような人で、ときどき独特の皮肉を言うほかは、その作品どおりに寡黙《かもく》なひとである。「未生」という小さな機関誌に、ほんの四百字ばかりの感想文を、二十数年間書きつづけている。それだけが、この人の発言で、ともかくも静もっていることだけが好きな人なのである。

いけ花の家元といえば、当時、概念化されていて、世間にむかって絶えずアトラクションをしている稼業《かぎょう》といった印象があったが、このひとはまったく違う種類のひとだった。中国の天台山などでひとりきりの僧院を守っている僧侶《そうりょ》といったようなおもむきがあって、当人はそうは思っていなかったろうが、たたずまいとしてユーモアを感じさせた。

この人の得意とするのは、この流儀でいう新花である。花を呼吸させてしまうと、もうあまりさわらずに、自分の呼吸とじっとあわせて独りで見つめているという風の作品で、まことに人柄から出ている。

この人の人柄も花も文章も、一つの風姿があると昔から思っているが、それがどういうものであるか、うまく説明ができない。

〔『日本のいけばな 第十巻 肥原康甫』小学館、一九七七年一一月〕

人間のゆゆしさ

〈上司海雲　僧侶　1906～1975〉

私が上司海雲《かみつかさかいうん》氏にお目にかかったのは、上司氏の学友の随行者としてである。どうも昭和二十五年だったように思えるが、そうだとすれば、私の二十七歳のときである。感受性が、ごく一般的にいってまだ初々《ういうい》しかったはずの年齢だったからじつに幸運だったように思う。

私を東大寺の観音院に連れて行ってくださったのは、すでに故人になられたが、当時西本願寺職員で、雑誌や新聞や書籍の編集をする部の部長をしておられた西田信勝氏だった。西田氏は、おもに百華苑《ひゃっかえん》刊行の親鸞《しんらん》教義に関する著書の多かったひとで、これは余談になるが、私の姉が大病にかかってしきりに生死《しょうじ》の安心《あんじん》を得たがっていたとき、西田氏の著書を貸してやると、彼女は読んでから気持が落ちついたらしく、あの本ほどありがたかった本はなかったといまでも言い言いしている。氏は厳格な文章家で、文章だけでなくなにごとにつけても刃物に触れるようなリゴリズムを感じさせるひとであったが、そのひとが、ある日「上司君という私の大学時代の友達が奈良の東大寺にいます。名前はご存じでしょう」といわれた。私は志賀直哉《なおや》さんの忠実な読者ではなかったが、それでも、志賀さんの奈良の高畑時代に交わりを結んだ人として上司海雲氏の名前は記憶しており、その文章も何度か読んでいたから「お名前だけは存じています」と答えた。

「では連れて行ってあげましょう」

と、西田氏はいわれるのである。

なぜ西田氏がずいぶん齢下《としした》の私に御自分の友人を紹介するというような温かい心くばりをしてくれたのか、私にはいまなおよくわからない。たしか日曜日だったと思うが、近鉄奈良駅で待ちあわせした。西田氏は短く刈った白髪頭にソフト帽をのせ、紺のコートを着て、きちんと巻きあげたコウモリ傘をステッキがわりに持っておられた。

観音院ではスキヤキを御馳走《ごちそう》になった。お庭のすみの苔《こけ》のあたりに曝《さら》されている白い壺《つぼ》の肌が黄味を帯びて濡《ぬ》れていたような印象が残っているところをみると、この日は降ったりやんだりといった天気だったのかもしれない。頭の上に電灯がともっていて、その光が紙で覆《おお》われていた。平鉄の骨に和紙が張られていて、二月堂あたりの堂内にありそうな吊《つ》り灯籠《どうろう》のような形をしており、古朴で雄々しい感じがした。上司さんは西田氏としきりに話が弾んでいた。私には李朝《りちょう》の壺や天平の芸術について語るような知識がすこしもなく、ただ聴きいるばかりで、聴いていても当方に予備知識がすくないため、話の半分も理解できなかった。ほとんど私は喋《しゃべ》らなかったようで、上司さんはおそらく変な若い衆を西田は連れてきたなという印象だったにちがいない。その後十数年経《た》ってから上司さんの辱知《じょくち》をあらためて得たとき、私はこのときの話をしたのだが、上司さんは「ああ、ああ」とにこにこしておられたような様子であったけれども、おそらくそのときの私を憶《おも》いだせなかったのではないかと思ったりした。それほど私はこの二月堂（？）の吊り灯籠の灯影でいかにも影薄く、ひたすらに上司さんを見ていたということになる。そのときの驚きをいまもあざやかにおもいだすことができる。あとで人にもときどき話した。世の中にこれほど魅力のある人がいるのかという驚きであった。人間というものが、ただすわってにこにこしているという情景を、二十七年も人間に接してきてはじめて知った驚きである。

上司さんの声が、第一の驚きであった。それまで私は、声というのは生理的機構による物理的表現であるにすぎないもので、決して人格の表現にならないものだとおもっていた。声というのはときに芸術的表現にもなりうるが、上司さんの声はそういうものでもない。西田氏は論理的な能力をもった教養人で、どちらかといえば無口ではない。対話のほとんどは、西田氏の言葉で占められていた。上司さんは「そうや」「うん」「そういうこともあるやろな」といった程度の相槌《あいづち》にすぎなかったが、そういう声が出るたびに部屋中に人格的反響《エコー》がおこるような、空間のすべてが上司氏に化《な》ってしまう感じで、聴きながら、そのまま人格的戦慄《せんりつ》といったようなものを感じてしまうのである。

　私は当時、京都の支局で宗教を担当する新聞記者をしていた。しかし宗教についてはあまり知るところがなく、一宗派の教義を信ずるという意味での宗教心は当時もいまもなく、今後おそらくそれをもたずに死にいたるにちがいない。だから、上司さんにお会いするということは、一個の僧侶《そうりょ》にお会いするようなつもりもなく、僧侶という概念を通して上司さんに接したつもりでもなかった。上司さんは当時もいまも、そういう概念で御自分を見られることをきらわれる人であるということは、お会いしていてなんとなくわかった。だからいま言葉の使い方に気をつけつつその印象を語りたいのだが、私が受けた感じは、声を出しただけで相手が人格的戦慄を感じてしまうという稀有《けう》な存在が、たとえば法然《ほうねん》といったような人だったのだろうと思ったりした。法然がどういう人であったかは、後世のわれわれにとってその著作物だけではうかがい知れない。法然程度の思想的独創性をもった人はいつの時代にでもいるのだが、しかしながら決してそれらが法然になりえないという機微はあるいはこういうもの（以上にのべたきわめてあいまいな機微の）であろうかと私は思った。宗教というのは書かれたものによってわかることは不可能にちがいないが、そのひとのなまな姿に接することによってのみ一文不知の尼入道でもわかってしまうというようなことがあるのだということを、私は上司海雲氏に接する幸運を得たことではじめてわかった。法然もそうであり、西郷隆盛《たかもり》もそうであろう。その事歴や文章を読んだだけでは、なぜあのようにそれらの人々に接した同時代の人々に理屈をこえた同化力をあたえたかということがまったくわからない。人間にはそういうこと（以上のような）があるのだということを、私は上司さんを知らずにいればおそらくわからないままにこんにちにいたっているかもしれない。

私は、上司海雲氏の事歴、挿話、思想については、氏の文章を拝見する以外に、たくさん知ることができる人縁にめぐまれていた。氏と大学が同時期だったか、あるいは前後している何人かの人々の知遇を得ていたからである。西田信勝氏もそうであり、たとえば野々村揚剣氏、安倍大悟氏、それに写真家の井上博道氏のお父さんや、さらには東大寺で上司さんよりわずかながら法臘《ほうろう》に長じていらっしゃる橋本聖準氏などを存じあげていて、知識の上での上司海雲という人格はごく自然に知ることができている。あるいは画家の須《す》田剋太《だこくた》氏を通じても知ることができた。しかしながら上司さんにかぎっては、上司さんに接する以外にその人格がわからないように思えるし、何億という人間のなかにはきわめてまれなことながらそういう人物が存在するのだということも知ったのである。

私は、上司さんと、私の二十七歳のときから二十二年間のあいだ、わずか五度ぐらいしかお会いしていない。しかし私にそういう目をひらかせてくださった人として、私の中でつねにゆゆしい人として存在しておられるのである。これは私のほうの身勝手ばなしであって、上司海雲論でもなんでもない。ご当人がこれをお読みになれば「えらいこと書いたはる」と苦笑されるだけであろう。元来、癇癪《かんしゃく》もちのひとだから憤慨なさるかもしれないが、幸いお会いする機会をめったに持てないお人だから、当方にとって癇癪玉の被害をうけることはまぬがれそうである。

〔『雑華厳浄』上司海雲東大寺管長就任記念文集、毎日新聞社、一九七二年六月〕

〈須田剋太　洋画家　1906〜1990〉

須田剋太《すだこくた》氏の芸術と人間

私はゴッホを好み、八大山人《はちだいさんじん》を好み、さらにはわが友では、須田剋太を好む。

いずれも、地の霊が人に化したかと思われるようなおそるべき魂をもちながら、その生き方はかぼそく、人には優しく、腫《は》れあがった皮膚のように風にさえ傷《いた》みやすい。

そのくせ画を創《つく》りあげるときには、造形を創るという匠気をいっさいわすれ、地と天の中に両手を突き入れて霊そのものの躍動をつかみあげることにのみ夢中になる。しかしながら、鬼面《きめん》人を驚かすような構成はまれにしかとらず、たいていは花や野の樹々《きぎ》といったおだやかな生命を見つめ、そのなかに天地を動かすような何事かを見究めつくそうとする。

「善財童子《ぜんざいどうじ》がそこにいるような感じがした」

というのは、三十数年前、南都の一隅でこの人の四十歳のころをはじめて見た華厳《けごん》学の故上司海雲《かみつかさかいうん》の感想であった。

この表現には、剋太の精神の最初の発見者ともいうべき上司海雲のユーモアもまじっている。以下、海雲の文章を引く。

いまから三十数年前、寺でささやかな講演会をやったとき、聴衆の中に一人の善財童子がいました。善財童子というのは五十三人の善知識を歴訪して道を聞くという華厳経に出てくる熱心な求道《ぐどう》青年なのですが、講師を見上げている一青年のまなざしに私は善財を感じたのでした。それが新薬師寺に泊って十二神将を描いて特選になった須田剋太だったのです。（中略）……三十数年前の善財童子は、いまや普賢菩薩《ふげんぼさつ》であり、善財なる私の善知識であります。彼は私に田辺元を談じ、道元を講じてくれます。彼こそ私のよき友よき師として、私を宗教と芸術のこんぜんとした世界へ、華厳で法界と呼ぶサトリの世界へ導いてくれる善知識であります（『交遊抄』より）。

海雲は真贋《しんがん》にきびしく感受性のつよすぎるほどの芸術愛好家だ。だが、ただ身が僧籍にあり、東大寺観音院住職として、あるいは東大寺の管長として在ったために、須田剋太の人間と芸術を華厳経の世界でとらえたにちがいない。

剋太は明治三十九年、武州熊谷《くまがや》在の吹上《ふきあげ》でうまれた。父は教育者であったが、早くになくなった。

病気療養などで熊谷中学を七、八年かかって卒業した。絵の先生たちがこの人の才質におどろいて美術学校をうけさせたが、その個性の強すぎる素描力は、受験という型にあてはまらず、かれを支持する先生方は「アメリカの美術学校にでも入るしか仕方がない」となげいた（当時も今もそうだが、アメリカは欧州ではじき出された個性にきわめて寛容だった）。

剋太は、その後、浦和で廃屋を借り、十五年という長い期間、腰をすえた。東京に出なかったことは、この強い個性にとって奇跡といえるほどに幸運だった。もしかれが東京に出て、すぐれた才能にとってときに最悪といえる「仲間」というものを持ったとすれば、仲間たちがかれの個性を憎悪《ぞうお》するか軽侮するかあるいは嫉妬《しっと》するかして、他の多くの才能が潰《つい》えたように、このひとも市井《しせい》に埋没してしまったかもしれない。

浦和時代は、剋太の母が亡夫の恩給を大きく割いてその生活を保証した。剋太はたれに肘《ひじ》をおさえられることなくその個性を磨くことができた。剋太は師にもつかなかった。このことは師につくことによって受ける掣肘《せいちゅう》のわざわいからもまぬがれたということになる。

海雲が善財童子といったのは、じつに当を得ている。善財は福城長者の子で、法界に入るためにつぎつぎと善知識を訪ねる。ついに普賢菩薩に遇《あ》うまでに五十三人の善知識を歴訪するのである。

ついでながら江戸期の東海道五十三次という官駅の数字はこの善財が歴訪した人の数に合わせたものだが、かれを美術学校に送ろうとした人々も、何次かの宿場になる。偶然、浦和にやってきて、この人の絵を見た寺内万治郎もまた重要な宿場であった。寺内は剋太の絵と才能におどろき、光風会に入れて日展に出品させた。剋太は三度まで特選をとった。

定着性のつよい剋太は容易に浦和を離れず、三十代の終りごろにはじめて故郷を離れ、京都に来、さらには奈良を見、海雲が書いているように新薬師寺に泊めてもらって十二神将などを描いた。かれの画業での大きな宿場となった上司海雲との出会いもこの時期だが、抽象画家でありまた理論家でもあった長谷川三郎との出会いもこのときである。

長谷川とは京都で出会った。劇的といってよく、長谷川が初対面で「須田君、きみは特選などになって得意かもしれないが、日展などは絵じゃないよ」といったとき、同行者のほうが腹を立て、剋太をひっぱってその会場を出てしまった。しかし剋太はもう一度ひっかえして長谷川の意見をさらに聴き、日展で培《つちか》った経歴のすべてを捨てるのである。戦国期の兵法者のようなすさまじさといっていい。このとき、具象画から抽象画へ転向した。

このことは、剋太の画業の完成のためには大きな幸いだったといっていい。剋太の視覚のゆゆしさと力学性は、対象の皮膚や毛よりも骨格を見きわめることにある。かれは山を見てもただちに骨格をひきずり出し、牛を見てもその骨格の力学的な力強さに魅《ひ》かれる。物の本質を抽出するという意味において、剋太の抽象画と抽象画的視角、思考が剋太の造形をゆたかにしたことは測り知れない。剋太はこの時期、道元に傾倒した。道元の宇宙構造や生命の本質論はそのまま抽象的世界であり、道元という一大淵叢《えんそう》をくぐりぬけてくることによって剋太は風土に根ざした抽象画の世界を創造した。その画業は、虚空《こくう》に骨が鳴って宇宙の神韻を聴くような凄味《すごみ》があった。

抽象画に没入して二十余年を経、やがて剋太は抽象画を核にすることによってあたらしい具象画を試みるようになった。海雲のいう普賢菩薩にめぐり遇ったかのようなその第一期の完成が、このたびの個展において集約されているといっていい。

長谷川三郎は、早い時期に亡《な》い。かれがもし生きていれば剋太のこの第一期の完成を見て意外としつつも、自分が転轍《てんてつ》することによって剋太に送らしめた抽象画の二十余年が具象画の大輪の花を咲かせたことにおどろくにちがいない。また剋太と海雲とは、同年である。海雲は数年前に逝《い》った。逝く前、剋太におけるこの第一期の完成にすでに瞠目《どうもく》し、無私な観賞家として生活を送りつつ途中剋太を発見し、その巨《おお》きな結実を見ることができたことによろこびを感じていた。長谷川三郎から上司海雲に至るまでの剋太の経緯は、その現場々々に臨場していた杉本健吉という巨人がこれをもっともよく知悉《ちしつ》していて、私などはそれを語るのにかならずしもふさわしくない。

剋太は、つねに凝然としている。剋太の芸術を語るのに多くの喋々《ちょうちょう》を要しない。芸術は心の表現であるという素朴で初原的な姿勢を、かれは半世紀のあいだすこしも外すことなく続けてきた。その間、装飾性に韜晦《とうかい》せず、流行でもって渡世せず、道元によって触発された自分の精神のかがやきとその光の屈折をすこしでも表現しようとして生きてきた。このため世俗から遠すぎる杣道《そまみち》を歩いてきたが、このたび、友人たちのすすめでようやく人里に出ることに、彼自身、承知した。その人柄はまことに妙であると言うほかはない。

〔「須田剋太油絵展」カタログ、一九七七年九月〕

山本さんの律義《りちぎ》（『山本健吉全集』）

〈山本健吉　文芸評論家　1907〜1988〉

山本さんの著作を入念に読んだ最初は、昭和三十年ごろ、雑誌「群像」に連載された「古典と現代文学」だったと記憶している。

当時、私は新聞社にいた。支局から大阪にもどってきて文化部でしごとをしはじめたころだったから、これだけは読まねばならないと自分自身に課した。が、やがて義務感から離れ、まずその文体の明晰《めいせき》さにひかれた。私は若いころから日本の文章の晦渋《かいじゅう》さとあいまいさに勝手ないらだちをもっていたが、山本さんの「古典と現代文学」を読んだときのおどろきは、目の前に展開されている言語が西洋の金属楽器のような論理性をもっているということだった。また、文章の機能をいくつかに区分できるとすれば、その第一機能は物の本質をつかみ出すということにある、とも、当時、ひそかにおもっていた。その点、山本さんの文章は、精密な道具のように、目的から誤差が生じることなく駆使されていることに新鮮さを感じた。しかも、読みたどってゆくと——本質がつかみ出されてゆく過程といっていいが――微妙な快感が自分の中にうまれてゆくのが感じられた。通常の国文学者がとるべき学問的手続が巨細《こさい》となくとられていながら、つまりは力学上の構造計算が十分なされていつつ、展開されているものは微妙にこころよかった。さらにいえば、芸術意識が先行した文章ではないのに、結果としてそうなっていることに、感じ入らされた。

その後二十年、私にとって山本さんは遥《はる》かな人だった。

ところが、昭和五十年の晩春、中国にゆくべく、井上靖《やすし》氏らと東京の空港の待合室で手続のおわるのを待っていたとき、山本さんは私どもを送りだす側の日本文芸家協会の代表として見送りにきてくださった。そのとし、山本さんは六十八歳であったはずだが、そのお顔は、老いくずれというものがなく、私の記憶の中にあるお若いころの写真とふしぎなほど同じで、素描画のようにしっかりした輪廓《りんかく》をもっておられて、その若々しさと鮮明さは山本さんの文学そのままだとおもった。

そのとき、不覚にもあがってしまって、まとまったことはなにも話せなかった。長身の山本さんは、私のためにすこし背をかがめて、家内はあなたの愛読者です、などとおっしゃってくださったように思うが、当の私は、小学生のように、鞄《かばん》を肩にかけたまま無意味に笑っていた記憶がある。

その後、何度かお目にかかったが、やはり私は無能な対話者だった。なにかの雑誌で、山本さんの母系が加賀藩の家老横山家であることなどについて触れておられるのを読み、さらにべつの場所で、賤《しず》ヶ岳《たけ》合戦（近江《おうみ》柳瀬《やながせ》の戦い）で戦死したその家祖横山長隆・長《なが》知《ちか》について書いておられる紀行を読んだ。

私事だが、私はべつに歴史や骨董品《こっとうひん》が好きなのではなく、私なりに人間に関心があるために古くさい資料などを読んだりする。私は、山本さんに昭和五十年にお目にかかるより以前に、横山長隆・長知については旧知だったから、われながら滑稽《こっけい》なほど山本さんが身近な人になった。

長隆は近江あるいは美濃《みの》出身であるという説もあるが、能登《のと》の豪族だったともいう。あるいは加賀説もある。前田利家《としいえ》につかえるにいたったいきさつは、私にはよくわからない。

本能寺の変で織田信長《おだのぶなが》が死ぬまでのつかのま、織田体制が、いまの近畿《きんき》地方・中部地方に大展開した。信長は織田家の家老だった柴田勝家を北陸一円の物主《ものぬし》（総督）にし、勝家に協力させる形で（与力《よりき》させて）、前田利家ほか二人をつけた。利家ははじめて大名になり、越前《えちぜん》府中（武生《たけふ》市）城主になり三万石とすこしを領した。さらに、能登が平定され、その身上《しんしょう》が二十三万石にふえた。横山長隆は利家とどういう縁があったのか、族党・家来をつれて越前府中にゆき、その物頭《ものがしら》になった。このとき子の長知を質《しち》として利家の長子利長《としなが》に仕えさせたということからみると、横山長隆がただの平士《ひらざむらい》でなく、利家に仕える以前から地方で相当な勢力をもつ存在であったようにも思えなくはない。

天正十一年（一五八三）の賤ヶ岳合戦は、信長をうしなった織田家における柴田勝家と羽柴秀吉との権力闘争のカタストロフィをなす合戦だった。北近江の山々に秀吉軍が仮設陣地をつくり、北からくだってきた柴田勝家の軍も、山々に多くの塁をつくって対峙《たいじ》した。利家とその隊も、そのなかにいた。かれは織田家の指揮系統上、柴田方に属さざるをえなかった。かれは若いころから秀吉と友達であり、そのことは柴田方のたれもが知っていたし、裏切るのではないかという噂《うわさ》さえあった。もっとも柴田勝家も利家が好きで、利家のそういう立場に同情していたふしもある。

賤ヶ岳の戦いは、当初、どちらも山塁群にこもり、さきに手を出したほうが体《たい》がくずれて負けになるという、互角の緊張の上に成立していた。が、不覚にも柴田方の佐久間盛政《もりまさ》がはやって手出しをし、それへすかさず秀吉軍がつけ入り、うそのようなあっけなさで柴田方の敗走になった。勝家自身わずか百人をつれて戦場を脱した。その傘下《さんか》の利家は戦場では積極的に戦わず、勝家よりも以前に退却した。

それでも、追撃された。

そのとき、長隆・長知が戦死しているのである。この時代の合戦は勝っているときは衆は勇奮するが、味方がくずれると弱く、ひとびとはわれさきに逃げた。しかもそのことがさほどに不名誉とされなかったのだが、長隆と長知という父子は新付《しんぷ》の家臣ながら、父子別々の場所で主将の退却をたすけつつ踏みとどまり、奮戦して死んだ。私はそのきわだった律義さに、当時としては別種の精神に近いと思って記憶していた。

　私がこの父子についてのことを読んだのは『事実文編』という本によってである。江戸末期、備後《びんご》福山の神官の子でのち福山藩につかえた五弓久文《ごきゅうひさぶみ》（号は雪窓）という人の編著で、戦国中期以来の伝記的な資料をあつめ、右の書名のもとに編集した。それによると長隆は美濃多芸《たぎ》郡直江《なおえ》（いまは岐阜県の養老町）にうまれ、年少のころ、丹波水谷山《すいこくざん》円通禅寺に投じ、学問をおさめたというから、当時としてはめずらしく教養のあったひとらしい。かれが、その塁から退かず、利家の旗を樹《た》てつづけ、いわば利家の身代りのようになって奮戦し、重傷を負い、やがて死んだというあたり、戦国風の慣習的倫理以外に、義という読書によって得た倫理をもっていた人だったのにちがいない。一方、その子長知は、前田利長の本陣にいた。利長が退却するときに殿《しんがり》をつとめ、奮戦して戦死した。この戦いにおいて積極的に戦わなかった前田利家の隊において、こういう死に方をする精神が存在したというのは私にはめずらしかったし、おそらく前田家の江戸期教育の範になっていたのではないか。

この場合、事例が遠い過去でありすぎて、遺伝子論的な見方は成立しないし、むろんまして右のことと山本さんの人柄とじかに結びつけるつもりなどはない。ただ、加賀藩における横山家という藩老の家は、この家祖父子の戦死によってできあがっていたし、また横山家の代々の倫理意識に、長隆・長知の進退のしかたがつよく支配してきたことは想像できる。さらにいえば、山本さんが、母堂を通じて横山家の倫理意識の影響を、文化的にうけなかったということは、まず考えられない。

　山本さんは人交わりが本来不器用なひとで、また文壇（そんなものがあるとすれば）での政治意識も皆目ないといっていい。さらにはそのご風貌《ふうぼう》どおり書生として自らを規定しておられる様子であるのに、めんどうな世話仕事をおしつけられると、律義につとめおおせてしまうところがある。私など、遠目ながらそのことに、俳諧《はいかい》でいうところのおかしみを感じて、好もしい風景だと思ってきた。といってそういう風姿を長隆・長知と重ねて考えるのはお伽話《とぎばなし》めくが、しかし律義という性格は多分に家風など後天的なものの影響によることを考えあわせると、存外、お伽話めかしくもないかもしれない。

〔『山本健吉全集 第十三巻』月報、講談社、一九八四年三月〕

思無邪《おもいよこしまなし》（「井上靖《やすし》展」）

〈井上靖　作家　1907〜1991〉

展覧会の名称は〝文学の軌跡と美の世界〟というものですが、つまりは人間についての展覧会ということでありましょう。

人間を展示するなど、不可能というべきです。しかし、井上靖氏ほど人間としてすばらしい人はありませんでした。

煮つめれば詩になってしまう人でした。それも、晦渋《かいじゅう》な詩でも厭世《えんせい》的な詩でもなく、人間の連続を信じ、人間の美しさを感じ、生きることの価値を、結晶体にして見つめる詩でありました。

井上さんは、生きる人としても、かぎりなくりっぱでした。その生き方は、スポーツのように美しいものでした。事に臨《のぞ》んで、いまはなにが本質で、何が目的か、ということを、数百、数千の要素から抽《ぬ》きだして、たった一つに単純化してしまうことに天賦《てんぷ》の選択力を備えていました。おどろくべき才能でした。たとえば、国際ペン大会のような俗事にあっても、与えられた義務をみごとに果たしました。そのとき、右のことをつくづく感じました。

「いまは、柔道をする」

という少年のある時期は、柔道のみをやりました。こういうことだったのでしょう。自分の何が勝負に耐えられるかを考え、最初から這《は》って相手を寝わざにひきこむのです。〝自分〟の条件が、小柄だったからにちがいありません。

「いまは、小説を書く」

という四十代のはじめごろ、小説だけに専念しました。なにを書くか。千人、万人の作家は他のことを書けばいい。自分は、自分の小説を書くという、不乱の態度でありました。戦後、前衛芸術や政治意識の先行した作品の流行期に、大阪の闇市《やみいち》の一郭《いっかく》にこもって、西アジアの沙漠《さばく》にねむる銀化した瑠璃《るり》のような作品を書きました。そのこと自体、奇跡でありました。

孔子が『詩経』についていったことばがあります。「思無邪」ということでした。井上さんの生涯は、その三つの文字に尽きます。

今後、こんな人を、私どもは知ることができるでしょうか。

〔「井上靖展」カタログ、毎日新聞社、一九九二年九月〕

〈宮本常一　民俗学者　1907〜1981〉

「宮本学」と私（『宮本常一《つねいち》——同時代の証言』）

私事からいうと、私自身、宮本学に親しんだのは、よほど古いつもりでいる。ただし、先生の文章を通してで、面識を得たのは、先生の晩年になってからである。

私は、中国・朝鮮、それに日本の農村に関心をもっていた。中国の農村への関心は、兵隊で東北地方にいたころ、休みのたびに農家を訪ね、鍬《くわ》、犂《すき》などの農具の名前を教えてもらい、単語帳をつくってからであった。動機は学校ですこし習った中国語を忘れまいと思っただけのことだが、しだいに農民の暮らしに関心をもつようになった。

同時に、日本の農村とひどくちがっていることに気づいた。昭和二十年代のなかごろ、日本共産党に山村工作という運動があって、京都の学生がよく八瀬《やせ》あたりの農村に出かけてゆくのを見た。そのころ、「工作」にあたっている学生たちが、日本の農村について概念的にしか知らず、その概念も、中国共産党が農村をとらえきった先例をごく無造作にふまえているだけのように思われて、おどろいたことがある。

――せめて、宮本常一先生の文章でも読んだほうがいいのではないか。と、知りあいの学生に言ってみたことがあるが、むろん、一笑に付された。そのうち保守政権による高度成長時代がやってきて、江戸後期以来、本質的にはほぼ不変だった日本の農村の倫理とくらし、慣習が、音をたてるようにして崩壊した。大げさにいえば、弥生式農耕の渡来以来のなにごとかがくずれ去ったといっていい。

右のことは、日本の農村の実態というものが、どの政党からも理想と愛情をもって理解されていなかったということになるのではないか。

私の宮本学への尊敬は、昭和三十年代の高度成長期から甚《はなはだ》しくなる。さらにいえば、世間一般がこの人の存在に注目し、その文章を読むことによって「日本農村」という、かつておろそかにしていた自分自身というものを知るべくあせりはじめるのも、そのころからではなかったかとおもえる。

全二十五巻の『宮本常一著作集』（未来社）が刊行されはじめるのも、農山漁村の伝統的なしんが崩壊しきってしまった昭和四十三年からである。

そのころから、私は漁村に関心をもちはじめた。旅をして海岸にぶつかると、そのたびに漁村をさがして、漁師から雑談をきいた。私は、固門徒《かたもんと》の家系の末にうまれたせいか、魚肉ぎらいの祖父にも父にも真似《まね》たわけでもないのに、魚は食べず、魚釣りもせず、しょうとも思わない。しかし道具をさわらせてもらうにつれて、漁撈《ぎょろう》の手順を想像することができるようになった。

漁業や漁師についての本はできるだけあつめた。しかしもっとも多く裨益《ひえき》されたのは宮本常一先生の著作であった。磯の香と浪《なみ》の音のなかで人間がささやかに生きてきた営みの本質のようなものが、そこから嗅《か》ぎとることができた。

私は先生の風姿を目《ま》のあたりに接することができたのは、私どもが先生をうしなう数年前のことである。先生が関係しておられた研究機関が私に用があり、そのスタッフが拙宅を訪ねてきた。先生はかれらの後見人といったかっこうで、わざわざ足を運ばれた。

そのときの用件については、私はすぐには応じかね、

「むしろそれより、宮本学を世間の一部に伝えてゆくという方向のほうがよいのではないでしょうか」

と、スタッフの諸賢にいった。

私にはそういうことよりも、書物のなかでしか知らなかった先生の謦咳《けいがい》にじかに接することのよろこびのほうに心をうばわれてしまっていた。

「四国では、土佐だけが、民家の建て方があまり上手ではないですね」

と、きいてみた。私には、かねがね土佐人の風土のなかには、技術性が他国よりも薄か

ったのではないかという疑いがあったのである。

先生は、すぐさま、その主題について応じてくださった。土佐ではたとえば社寺の場合、遠く長州・周防《すおう》（山口県）からきた旅しごとの大工によって建てられることがしばしばであった、という旨《むね》、実地調査にもとづいてくわしく話されるのである。

よく知られるように、先生は、周防大島の産である。先生の少年のころの実見だが、村の農民が、農閑期にその田畑からいなくなってしまう。土佐へ行って大工仕事をする、という。そういう人を、周防大島では、

「土佐大工」

といった、といわれた。

そういう話が、そのまま文章になるような抑制のきいた話し方で、ゆっくりと先生の口から紡《つむ》ぎ出されてくる。ほかに、きこりの鋸《のこぎり》の話や、鎌《かま》の話もうかがった。

道具の地域的な特殊性、その系譜、その伝播《でんぱ》の系路などが、行商人、旅の大工、山仕事のひとびとの撈音が背後にきこえてくるような話し方で話された。先生のお顔にわずかな疲労がうかんだことで、三時間以上もひきとめてしまっていることに気づかされた。

人の世には、まず住民がいた。つまり生産を中心とした人間の暮らしが最初にあって、さまざまな形態の国家はあとからきた。忍び足で、あるいは軍鼓とともにやってきた。国

家には興亡があったが、住民の暮らしのしんは変らなかった。そのしんこそ「日本」というものであったろう。そのレベルの「日本」だけが、世界中のどの一角にいるひとととも、じかに心を結びうるものであった。

　そのしんが半ば以上ほろび、あたらしいしんがまだ芽ばえぬままに、日本社会という人間の棲《す》む箱は、こんにち混乱をつづけている。しんは半ば亡《ほろ》んだが、しかし宮本学は私どもに遺《のこ》された。それだけでも望外な幸運として、私どもはよろこばねばならない。

〔『宮本常一――同時代の証言』日本観光文化研究所、一九八一年五月〕

〈花岡大学　児童文学作家　1909〜1988〉

人と作品――とくに花岡大学の風韻について

花岡大学さんは私の文学上の大先輩で、こういう文章を書くのはおもはゆいのである。

「花岡さんとの初対面はいつだったろうか」

と、家内にきくと、そんなことは自分はあずかり知らない、と彼女は答えた。じつは彼女のほうが花岡さんとのつながりがふかいのである。昭和四年生まれの家内が小学校初年級のころだから、じつに古い。花岡さんはそのころ大学を出たてで、大和《やまと》の御自坊から大阪の東郊の小学校へかよってきて、そこで一時期、先生をされていた。

家内は花岡先生の受持の児童だったことはないが、それでも花岡先生の風貌《ふうぼう》、お声などをありありと記憶しているのは、先生が、自作の人形芝居を作って自演でもって児童たちに観《み》せておられたからだという。

その後、花岡さんの勤務さきはいくつか変った。旧制天王寺中学（大阪府）の先生をされたり、新制の大淀《おおよど》高校（奈良県）の先生をされたりした。御自坊の寺務をとりつつ、また御自坊のすみに作った書斎で作品を書きながら、さらに高校教員をつづけるという三足のわらじを、ほとんど三十年近くなさったのではないか。

　そのあと奈良県吉野郡での寺務の責任を息子さんにゆずられて、御夫妻で京都の寓居《ぐうきょ》に移られ、京都女子大の教授になられてからが、やや御身辺が簡素になった。京都女子大での講義と創作だけの二足のわらじになったからであった。もっとも京都女子大での専門が児童文学であるため、厳密には一足わらじになったといえるかもしれない。

「早く年をとりたいんです」

　といわれていたのが、花岡さんの四十代のころだったろうか。息子が大きくなって寺をまかせる年になれば、自分は家内と京都に住み、創作に専念します、といっておられた。

　早く年をとりたいと言った人を、花岡さん以外に私は一人しか会っていない。一人とは戦時中の末期、少年戦車兵出身の十九歳の伍長《ごちょう》だった。この少年兵は自分がかならず戦死することを知っていたから六十歳ぐらいの自分を想像することで、国家から寿命を限定されている自分自身を架空に夢の話として肥大化していたのであろう。もっともほどなく戦争が終ったから、かれは望みどおり——望みは早くであったが実際は徐々に——年をとることができ、いまは五十ちかい初老の男になっているはずだ。

花岡さんはその五十ちかくになっているはずの元少年兵の初老の年齢のときに「早く年をとりたい」といわれた。それも、わくわくするような声音《こわね》でいわれた。一ヵ寺のあるじであるという御家庭の環境と責任から卒業して創作だけの生活、という花岡さんにとっての青春を迎えることに大きな期待をもっておられたのである。この言葉をうかがったのは、私の三十歳ぐらいのときだったが、言葉の背景にある花岡さんの人生の重味と、言葉の中に息づいている花岡さんの飛翔力《ひしょうりょく》のたくましさを感じて、私の心に残る言葉になった。

私の記憶がよみがえってきた。

花岡さんとのはじめての出合いは、京都の西本願寺の宗務所の青い木造洋館の中だった。

むかいに龍谷大学の図書館があった。

私はその当時、新聞記者で、宗教をうけもっていた。だから西本願寺にもお邪魔をするのだが、ひとつには宗務所の一劃《いっかく》に雑誌編集室があって、その編集主任のAが私の親友だった。

「花岡さんを知っているか」

知らないなら紹介してやる、とAはいった。

Aは花岡さんの文学と人柄を尊敬していたから、花岡さんの文体ふうにいえば、宝物でも頒《わ》けてやるといったふうの恩の着せ方だった。私はそれまでに、たとえば花岡さんのやや晦渋《かいじゅう》な——たとえば水と蛇をイメージの核にしたような——児童文学の作品をよんでいたので、「花岡さんというのは気むずかしい人ではないか」と尻《しり》ごみするようにいった。

Aはちょっと考えて、花岡さんの人柄の説明をするかわりに、花岡さんの動作をまねした。宗務所は木造洋館とはいえ土足ではあがれず、玄関でわら草履《ぞうり》かスリッパーを拝借して上へあがる仕組みになっていた。花岡さんがあがるときはそうではなく、ボロ靴を片方ずつ両手にもち、両手をちょっとひらいたかっこうで、靴下はだしでべたべたと板張りの廊下を歩いて編集室にやってくるというのである。

Aは、ただそれだけのことをいった。

それだけで、私も、なんだか花岡さんの感じがわかったような気がした。やがて編集室にあらわれた花岡さんは、想像していたとおりの風貌ではむろんなかった。ぶのあつい男らしい風骨の人で、声の大きさにおどろかされた。私が作品をよんで想像していた花岡さんは細おもてで、声がひくく、たえず肩をすぼめて、ききとれないような声の調子で、息ながくぼそぼそと喋《しゃべ》る人のような感じだったが、現実の花岡さんはまったくちがっていた。

物事の感想はめったにいわなかったが、言うときにはじつに内容が明晰《めいせき》だった。花岡さんのある時期の作品に感じられる晦渋さはむろん意識下の世界がえがかれるための色彩世界の複雑さによるものだが、それらの作品の背後にいる作者の明晰さというものと、ごく常識レベルとして矛盾するものではないし、創作者としての当然の構造なのである。たとえば、花岡さんのある時期までの作品は児童文学としては、どういう児童が読むのだろうかと思われるほどに調子の高いものであった。児童文学には、大人の文学論が通用しがたい面があるのは、児童のために——つまりナニナニのために——書くという、工芸でいえば、「用」の制約があるからなのだが、花岡さんはこれを無視しているかのようであった。花岡さんの作品は文学鑑賞力をもった大人が十分読んでいいものだし、読むべきものであると私は思っているが、しかし通念として児童文学は大人は読まない。しかし花岡さんのある時期の作品は児童にはとても読みこなせないようなものが、いくつかあり、それぞれ高い評価もうけていた。しかしこの地上のたれがそれを読むのか、言いかえて書き手の側からいえば誰に読ませるために書くのか、ということがある。この点、花岡さんの態度は、明晰だった。明晰を通りこして、不退転の覚悟のようなものがあった。

「私には、自分の中に一人だけ児童がいる。その児童にむかって書き、その児童のために書くのだ」

ということである。花岡さんの中にいる児童とは、むろん抽象化された児童だが、しかし現実の児童よりもなまぐさく、ありうべからざるほどの感受性をもち、しかも、その児童は多くの生《しょう》を経めぐって、あらためて児童になって出てきたように人生についてときに透徹した目をもち、ときに九十翁《おう》が来し方をふりかえるように、過去を氷河の風景にしてしまうようなおそろしい諦観《ていかん》ももっている。そのくせ、性的な混沌《こんとん》――児童ほど性的イメージの豊かな存在があるだろうか――を体の中にもち、大人が感じえないような色彩世界を見つめてしまうところがある。花岡さんの中にいる児童とは、そういう児童である。

その花岡さんが、日本の田園の妙好人の人間風景からさらにすすんでインド的世界に入られるようになって、われわれにとっても読みやすい作品になった。

むろん、花岡さんの中のなまぐさい児童は消えてはいないであろう。その後の花岡さんは、むしろそのなまぐさい児童の前生《ぜんしょう》を見はるかすことに、それへの焦点が、おなじ一線の軸の上ながらもすこしく移ったのだと私は考えている。

私は、二十代の暮、大和の吉野郡の吉野川の渓流のほとりにある花岡さんの美しい御自坊に、前記のＡに連れられて泊めてもらった。このとき花岡さんの生き方がいかに重心の深いものであるかをＡの雑誌に書いたことがある。

そのあと、三十代のはじめごろ、家内を同行してあそびにゆき、奥様の厄介をうけつつ泊めてもらった。いずれも忘れがたい思い出だが、昨夜、この稿を書く前に、家内にその日のことを思い出させてみた。家内にすればそのときよりやはり小学校のときに買った花岡さんの作品についての思い出のほうが深いらしく、ともすれば話がそのことになった。

その作品は、「おとうさんの手紙」だった。彼女はその文章まではおぼえていないが、読んだ印象は自分なりの表現ながら、懸命に再現した。三十数年をへていい中年女房になっても、なお童女のころの印象を再現できるほどのものを「おとうさんの手紙」は持っているということになる。

〔清水公照　書画・花岡大学　文『葺ぼとけ』跋文、探究社、一九七四年一一月〕

〈岡本太郎　芸術家　1911〜1996〉

地球にひとりだけの人（『岡本太郎著作集』）

　戦後、たしか二科展の会場で、太郎さんの大きな絵の前で、しばらく背をのけぞらせていたことがある。

　そのころの二科展は自己顕示の強烈な絵が多かったし、解放された時代の気分もあって、いま考えてみると、草原の一角に赤青のネオンだけが群れているような熱気があった。催しもの主義の背骨が通っていて、公募展である以上、こういう行き方もあってかまわないと思ったりした。しかし個々の作品の自己顕示のつよさのなかに、そういう会の展覧会主義への迎合が浮き出て、自己顕示さえ擬態ではないかと思える絵が多かった。

　そういうなかで、太郎さんの絵だけは、やりきれないほど強烈であったのは、会の趣旨や傾向、あるいは共通の気分のなかから孤立し、自分で発電して自分でぎらぎら光をともしていて、その光のなかから、メロディではなくリズムまでが躍り出ており、そのリズムも、弦楽器のそれでなく、厚いあら皮を一枚がっしり張っただけの未開人の太鼓のような感じがした。

「おれを、醜《しゅう》だと思うだろう。思え。正直に思え。思わぬやつはばかだ」

と、絵がリズムとともにどなり立てているように思われた。私は戦後、解放されたと感じたほうの一人だが、むろんその解放の実態にはまやかしやうそが多い。しかし自分ではそう思っていた。太郎さんの絵の前に立ったとき、その場かぎりのことながら、たしかに自分は解放されているし、この絵も解放されている、と思った。

美術における美とは何かというのは、共有の概念にすぎず、それを美だと思え、と教えられて、ひとびとが合唱しているにすぎないということを、この時期の私も感じはじめていた。

しかし画家や彫刻家、あるいは批評家は、そういう根源的なことを考えては、日常的に物をつくれないし、物をつくらぬ造形家など、世を渡ってゆくことができないということも感じはじめており、共有の美の概念に参加するひとびとに対しても、寛容な気持をもっていた。

が、この人だけはちがうと思った。

右の根源的な底の底で這《は》いずりまわっているのがこの人だと思い、つまりは「世間」に参加していない幼児どころか、まだ子宮の中にいて、自立意識をもって子宮の中から出ることを拒絶し、真暗な子宮の中から目をこらして外界の物を見、いちいち感じ、いちいち否定し、その否定を喋《しゃべ》りつづけているのがこの絵だと思った。

やがて太郎さんは、二科展を去った。当然なことで、ひとと展覧会をするような絵ではなく、またそういう思想でもなく、いわば天地がはじまって以来、絵というのはこの絵しかないぞと叫んでいるような絵であり、思想なのである。

一九六二年だったか、真昼、東京の茶室作りの古い料理屋さんのがたびしした廊下を通って小さな沓脱石《くつぬぎいし》のある開口部まで出たとき、べつの廊下から出てきた太郎さんとぱったり出遭《であ》った。

「やあ」と、どちらも同時にいった。私は対人手続の七面倒《しちめんど》くさい性質だが、こんなにあっさり未見のひとと初対面を遂げたことははじめてであり、以後にもない。

（やっぱり子宮の中の目だ）

と思ったのは、犀《さい》の目のように小さな目を、眼裂がひきつるほどにつねに見ひらいていて、何を見ようとしているのか、懸命に見ひらいている目なのである。

その後、親しくなった。

太郎さんと会って話をするのは、絵の話ではない。画家にむかって絵の話をするのは面《おも》映《は》ゆく、縄文土器の話であったり、ソウルの市場の雑踏の話であったり、未開のころの草むらで人間が他の人間とはじめて出遭う話であったり、沖縄のおばあさんがいかにいい顔をしているかという話であったりする。

万国博のとき、造形の重要な部分を太郎さんにやってもらうという話があった。太郎さんはこの地球をひとりで歩いている人だし、自分についての物事は即座にひとりで決める人だが、この話が大阪であったとき、どういうわけか、やるべきかどうか、私に相談してくれた。私にとって、太郎さんのように輝やかしいゴリガン（上方《かみがた》弁）の人から自分の専門のことについて相談されるということは信じられないことであったし、いまでもふしぎに思っている。

ぜひやったほうがいい、と、当然、言ったのだが、それが、いまも「太陽の塔」となってのこっている。いまでもその前を通るたびに、そのときの奇妙な情景を思いだすし、決して私がかぼそくも参加したなどと夢にも思っていないものの、太郎さんの友情のようなもの――決して友情というようなふつうの情誼《じょうぎ》ではない。その点、変な人なのだから――を感じてしまう。

先年、太郎さんは中国へ行った。北京《ペキン》での聖堂ともいうべき人民大会堂の中には、現代画家による巨大な壁画がふんだんに壁を占めている。太郎さんはむこうの要人を相手に、「中国もいいところがたくさんあるが、現代絵画はだめだ。こんなものは絵じゃない」

といって満堂を白けさせたという話を仄聞《そくぶん》している。この挿話はいかにも太郎らしく、かれが地球のどこに居ても岡本太郎以外の何者でもないことをよく物語っている。そのとき、これも私の大好きな人だが、江戸っ子をもって任ずる廖承志《りょうしょうし》さんが、呵々大笑《かかたいしょう》して、

「太郎さんにあっちゃ、かなわねぇ」

と、一座を笑わせ、気まずくなっている共有の空気を救ったという。この話の中の太郎さんを、私はかぎりなく敬愛している。

〔『岡本太郎著作集 第五巻』月報、講談社、一九七九年一二月〕

源氏さんの仁王

〈源氏鶏太　作家　1912～1985〉

漱石《そうせき》のどの作品だったかに、仏師《ぶつし》が仁王を刻んでいるのを弥次馬《やじうま》たちが見物している風景があった。

よくおぼえてないが、弥次馬の一人が、

「うまいもんだ」

としきりと感心すると、他の一人が、

「なに、あれは木のなかにもともと仁王が居るのだ。仏師がノミでそれを刻《けず》りおこしているだけのことだ」

といった。

私は少年のころそのくだりを読んで、腹が冷えるほどおどろいた。材木屋の前を通るのがこわかった。職人たちが無造作に丸鋸《まるのこ》で杉やヒノキをひいているが、あのなかに仁王か観音かがいるんじゃないかと思った。

だんだん大人になってくると、知恵がついて、どの木にも仁王や観音がいるわけじゃないと思うようになった。仁王のかわりに蛙《かえる》がいたり、寝牛がいたり、まるっきりなにもいなかったりするんじゃないか、と思うようになった。

私がお目にかかったのは流行作家になったばかりの源氏さんで、

「朝、目がさめると、あ、会社だ、と思うんですよ。どうも永年のくせで」

と、それもややかなしげな（この人の自制力と心象の複雑さをあらわす例の）表情で、しきりとおっしゃっている時期であった。

その時期に、源氏さんがいったことばで、ひどく驚かされたことばがある。

「先日、ナントカの会に行きました。作家がたくさんきていて、テーブル・スピーチをするのをきいていたんですが、作家って立派ですねえ」

夫子《ふうし》ご自身も作家ではないか、と私は内心驚いたのである。当時すでに源氏さんの本は五、六十冊は出ていたろう。自分自身流行の頂点に立っていながら、この人は、自分が作家であることをまだ許していなかった。すくなくとも、作家づら、厳密には流行作家づらをすることを許していなかった。作家の集まりに行っても、源氏さんは、精神的には一番はしのイスに自分をすわらせていた。

源氏さんという木には、すごい仁王が入っているくせに、源氏さんという仏師は刻み目をうまく隠しながら容易に仁王像を人前にあらわさなかった。

「ただの木ですよ」

という顔をしていた。

あるとき、だいぶ酔われて、

「ぼつぼつ威張っていいかなあ」

といわれた。酔いがさめてからそのことをいうと、そんなこと覚えてない、という。私はふきだして、

「お威張りになっていいんですよ」

「いやいや、だめです。私ごときが威張れませんよ」

それがちっともいや味でなく、しんからそう思っているふぜいであった。

私は、感嘆してしまった。内《うち》に仁王を蔵《ぞう》しその仁王によって作品を書きつづけながらもなおかつ、自分が仁王であるという顔つきをしない。

「ただの木だ」

という顔をしている。これが、ナマの人間にとってどれほど巨大な自制力の要るものであるか。

しかも、仁王というのは奇妙なことに、その自制力を持った者が仁王なのである。才能

をもった芸術家、といいなおしてもいい。自制力をもたない仁王などというものは、田舎仏師の作品のようにやたらに仁王らしくて、やたらにコワイだけだが、なにかを内蔵しているスゴ味がない。

源氏さんの作品は読みやすくて、おもしろくて、むかし風の表現でいえば俚耳《りじ》、俗耳《ぞくじ》に入りやすい。小説を読まない読者にも、十分におもしろく、しかも作者が意図している作者の人生と人間への感動が、すらすらと入ってくるのである。

この点、西鶴《さいかく》に酷似している。西鶴は近松のようにむずかしい言葉やいいまわしをつかってコケオドシをかけることをしなかった。

当時の俗語で書き、ただひとすじに自分の感動が俗耳に入ってゆくことだけを考えて文体をえらんだ。

しかも西鶴が近松よりも高いものとして評価されるのは、その精神の格調の高さ（これを私はうまく説明できない。読者が勝手に思い当ててもらいたい）である。

源氏さんの小説をどの後進が模倣してもみな失敗した。スジや主題を模倣するからである。源氏さんが、その作品のスジや主題によって空前の大読者をかくとくした、と見るのは、およそ小説というものを知らない人であろう。

なぜ、たくさんの読者が源氏さんの小説に接しようとするのか。スジではない。大衆小説のスジなどというものは、映画やテレビのプロデューサーでも考えられるものである。文章なら、新聞記者のなかで作家よりもうまい人がいくらでもいる。大衆小説は、スジではない。

それは、なにか。

じつのところ、うまく言えないのである。

言えるのだが、そのコトバをつかうと誤解されるおそれがあるのだ。適当なコトバが、国語にない。かろうじて適当なコトバをえらぶとすれば、やはり、作品の精神がもっている格調の高さ、というものである。人生と人間という厳粛なものに接している作者の精神の張りといったほうがよいかもしれない。その張りから出てきてこそ、色情も滑稽《こっけい》も、清潔な感動になる。これがない色情や滑稽は、ぞうきんのようなものである。

源氏さんの小説には、じつに密度高くそれがある。そこが源氏さんの小説を理解する唯《ゆい》一《いつ》の点であり、しかも、私などがクドクドいうよりも、読者大衆がいちばんよく知っているところである。

おそらく、その張りは、源氏さんの中にある本物の仁王から出ているのだろう。私は書斎での源氏さんを知らないが、きっと私が見てきた源氏さんとは、まるでちがった仁王の顔をして仕事をしているのにちがいない。そのくせ、町を歩くときには、材木のような顔をして歩いているのである。なんとおかしな人ではないか。

〔『昭和文学全集　源氏鶏太』付録アルバム、角川書店、一九六二年一二月〕

人中の花

〈港野喜代子　詩人　1913〜1976〉

港《みなと》野《の》喜代子さんは、最後にわれわれをびっくりさせてしまった。

彼女は死ぬとか生きるというなまな次元の人では決してないというふしぎな迷信が私を支配していたし、彼女を知るたれもがそうであったであろう。別の次元の世界が彼女を生んで、その次元の胎盤にくるまれたまま彼女は生きていると私などは思っていた。ときにあまりにも本気な彼女の童女性に閉口することさえあったが、しかし何物にも属しない確《かっ》乎《こ》とした地球の一員であるという奇妙な存在感だけは、彼女のみのものだった。

彼女はいつも街にいた。いい人の集まりだと彼女のするどい感受性が感じた街の集まりには、電車をいくつも乗りかえながらやってきて、つねに会合の片隅にいた。感想はすぐ詩になった。

「うちは、こういう気持ちや」

紙切れに書いて即興の詩を見せてくれるときもあり、人に乞《こ》われればその場で口誦《こうしょう》してくれもした。私には詩を論ずる資質がないが、その詩情はこの世にはかならず花で埋まるような美しい世間が到来するというこの世のたれにも——彼女しかわからない——秘跡に根ざしていたし、街にはそういう種子を持ったひとがたくさんいると彼女は信じていて、その詩はそういう彼女だけの秘跡の共鳴板のようなものであった。

二十年前の梅雨の時期に私の家内が街で彼女と出遇《であ》ったとき、適当な話題がないまま、梅雨で気分が鬱陶《うっとう》しくなると港野さんならどうするんです、ときくと、

「うちはなあ、着たままで飛び出して、雨に打たれてずぶ濡《ぬ》れになって歩いて行って、大きな声で歌を歌うねん」

と本気でいった。

そのころ、彼女は焼けだされたままご主人のつとめる工場の一角に住んでいた。ご主人は才能のある機械技師で、彼女の生身のままの詩的な人となりをこよなく愛しておられたらしい。

信じてもらえないかも知れないが、彼女は貧乏が大好きだった。二十年前、工場の一角で小さい人達をたくさん育てながら、部屋中に靴下をぶらさげていた。靴下には毎月の生活費が項目別に現金で入っていて、米代の靴下もあれば学校の会費もあり、具体的にそのように目の前にぶらさげておくことによって彼女なりに家計の見きわめがつき、家計とい

う普段の心理的重みから解放されることができ、別次元の童女のままでいることができた。

　そのおかげで彼女は生活の汚れを身につけずに済んだし、小さい人達にはごく自然に両親の生きてゆくリズムを伝えることができた。彼女はおよそ教育ママとは遠い人だったが、その人達はごく自然に秀才で、ごく自然に個性的で、思いやりのある人として育った。

　ご主人は日本海沿岸の自然条件のきびしい漁村でうまれられた。たしか彼女が箕面《みのお》に移ってから亡《な》くなられたと思うが、

　――骨は鳥取の砂丘にうずめてくれ。

と遺言され、彼女も本気でそのことを実行した。風によって砂が移動し、焼けた骨も自然物として日本海のかなたに吹きとばされたと思うが、そのことはどこの次元から来たかわからない彼女の所行だからこそいっそう荘厳《そうごん》な感じがする。

　彼女は市岡でうまれた。

　戦前のこの港にちかい界隈《かいわい》というのは、海運関係者や鉄工所、ふしぎに四国出身者が多い商店街といったように大阪でもっとも情緒のある下町だった。

　彼女の厳父は、ひとから聞いたところでは船の大変えらい司厨長《しちゅうちょう》さんだったというが、そういう仕事だけに家にいる日数がすくなかった。母堂が早く亡くなられたというから、ひとりっ子の彼女は心細く――というよりもけなげに――娘時代を過ごしたにちがいない。

2023 7

中公文庫　新刊案内

夢幻（上・下）

上田秀人

織田信長の死により危地に陥った家康は、今は亡き長男信康の不在を嘆くが……。本能寺の変に至るまでの両家の因縁を綴った、骨太な戦国ドラマ。

【第一部・徳川家康篇】
【第二部・織田信長篇】

同盟者と嫡男
との関係か
浮かび上がる
家康のリアル

●各836円

市岡高女のころも、知的なふんいきのある友人の家へ行っては、それに触れたりした。この意味からいえば、彼女を育てたのは街だったであろう。

娘のころに右の厳父を亡くして、ひとりになった。

「この世には花の種子をもった人がいっぱいいる」

と彼女がそう思うことなしには、この孤独な環境をひきずってけなげに生きてゆくことはできなかったにちがいない。

「あなた結婚するの。じゃ詩をあげよう」

と、五十代のころ彼女が、若い娘さんの前でいきなり祝福の即興詩を口誦して、ちょうど波間にうかぶ花びらでもむこうへ押しやるような手つきをし、娘さんに「さあ」といってくれて（?）いた現場を、私は幾分当惑しながら（娘さんもそうだが）見たことがある。このように生きてゆく者へのつよい共感も、娘のころの環境がつくった電子量の多い感受性から出ているのかと思われる。

港野喜代子という名前はひどく女くさい名前だが、彼女には性というごく付属的なもののにおいがなく一個の毅然《きぜん》とした人間だった。十歳上のこの人を知ったのは、私の三十すぎのころだったが、いつも茶色か紺の質素で個性的な服装をしていた。彼女の人称代名詞は老若たれに対しても「うち、あんた」という平等の言葉以外つかわず、それに人の悪口はおよそいわず、他人に対して感情的になるということはなかった。

そのくせ、たまりかねたようなときには、誰彼をおどろくばかりの鋭さで分析し、しかも長くは言わなかった。そのことは彼女がいかに的確な人間把握をしながら「歩く詩人」として生きているかをあらためて認識させることだった。

彼女はここ五年ほど、冬の終わりごろになると、拙宅にあらわれてくれるのが彼女の友人としての習慣になっていた。彼女の箕面の家の庭に咲く野すみれを五本ばかり大事そうに摘み、濡《ぬ》れた新聞紙につつんで届けてくれるのである。私など不粋な者にはどういう表情をしていいのかわからない贈り物だったが、彼女は怒らず「その顔のままでいい」とこの習慣をつづけてくれた。

生前、彼女は誰にも迷惑をかけず、しかもその死も、彼女らしく自分ひとりで完結するような死に方で死んだ。中央に聞こえることすくなく大阪の街だけの詩人だったこの人の生涯は、まことに堂々としていて「無量寿経」でいう人中の花だったといっていい。

〔「読売新聞大阪版」夕刊、一九七六年四月二一日〕

充実した歳月（「梅田画廊」）

〈土井憲治　美術商　1913〜1997〉

土井憲治さんは変に修身の教科書から這《は》い出てきたような、たとえばあきんどの鑑《かがみ》のようなところがあって、算盤《そろばん》よりも誠実さでこんにちまで歩いて来られたひとである。そういう誠実さに、故鍋井克之《なべいかつゆき》画伯はよほど惚《ほ》れこまれていたらしい。土井さんが昭和二十六年か七年に「なにわ会」の構想をもたれたとき、まっさきに賛成してみずから奔走されたのが鍋井画伯であったという。

いまも梅田画廊は曽根崎《そねざき》上二丁目、つまりお初天神《はつてんじん》の南門の前にあるが、当時焼けあとにいそいで建てたような、柱や梁《はり》の弱々しい店であった。

土井さんはこの構造では絵にもしものことがあっては申しわけない——大真面目《まじめ》にそう思うひとなのである——ということで、古材木を物色しておられた。たまたま大阪のそごう百貨店の前のガレージがとっぱらわれることになったということをきき、その古材を買って柱もふとぶとしく建てたのが、いまの鉄筋の梅田画廊の前の建物であった。その建物が建ったのを記念に催されたのが「なにわ会」のスタートになった。

顔ぶれは、鍋井画伯が奔走されたらしい。十五人展であった。

記録をみると、

梅原龍三郎、安井曽曽太郎《そうたろう》、坂本繁二郎《はんじろう》、林武《たけし》、熊谷守一《くまがいもりかず》、須田《すだ》国太郎、児島善三郎、野口弥太郎《やたろう》、鳥海青児《ちょうかいせいじ》、鈴木信太郎、三岸《みぎし》節子、中川一政《かずまさ》、黒田重太郎、鍋井克之、

小林和作

といったふうに、二十年後のいまからみればこの顔ぶれだけで一個の美術館をつくってもよさそうなほどの堂々たる内容である。

（小磯良平が欠けているのはこの年ちょうど、病臥《びょうが》中だったという）

以上が土井さんのお店の三十周年の記念のときに書いた文章で、二十年後のいま、読みなおしてみると、べつに古びていそうにない。土井さんも元気である。私が美術記者のころ（昭和三十年代前半）とおなじ風貌《ふうぼう》をしておられる。おそらく、泡《バブル》現象といわれている世間に対し、懸命に耐えておられるのではないか。

〔「出会いとともに半世紀」梅田画廊、一九九三年四月〕

〈富士正晴　詩人・作家　1913〜1987〉

真如《しんにょ》の人——富士正晴を悼《いた》む

富士正晴とは三十余年のつきあいである。それだけに、何を語っていいかわからない。ただ死なれてみると、船が衝突したように、こちらの体の何割かが海没して、波間がみえるような気がする。あすからこの人のいない世を生きるのかという気持だけがただよっている。

齢《とし》は当方より十も上だし、青春を共有したわけではなかったから、お前よばわりするわけにはいかなかった。ただ、むこうは容赦《ようしゃ》なくお前だった。いつも電話口に出た私の家内なども、終始、お前である。こちらはまさか「富士さん」と気味わるくあらたまるわけにもいかず、〝お前〟をはずして、なんとか三十余年をしのいできた。

この人は、人間についての多量な感受性をもっているから、およそ不作法という要素はない。ただ、行儀作法を用いねばならぬ場所へはゆかず、それを用いずにすむ相手だけをえらびぬいて生きてきた。つまり、なま身で自分を通した。

「桑原が」などと、愛をこめてよばわる相手は、九つ上の長者である桑原武夫氏であった。桑原さんとおなじ年齢で、すでに鬼籍《きせき》に入られた吉川幸次郎、貝塚茂樹の両長者に対しても、敬称、敬語なしの処遇をした。この三人の長者ほど、富士正晴の才能、気質、生き方のすべてを愛されたひとたちはいない。

「富士正晴、これはえらい人です」

桑原さんなどは、ときに膝《ひざ》を正すようにしていわれる。

詩人、小説家としてなら、富士正晴を越える名声のもちぬしは、いくらでもいる（ここで、その作品論をすべきだが、そういうことは、富士正晴にとって虚飾というほどでもないにしても、行儀作法に入る。後日にゆずるほかない）。いまとなれば、とりいそぎ、「えらい人です」というしか言いようのないこの存在についてすこしでものべておかねばならない。

といって浮かんでくるのは、深夜電話だけである。五、六年前まではこれがあって、前記の三長者に松田道雄氏などはさんざんつきあわされたはずだった。

漱石《そうせき》ふうにいえば〝大将〟はなにしろ、外出しない。年に一度ぐらいは近所にタバコを買いにゆくにしても、摂津《せっつ》の茨木《いばらき》の安威《あい》という村の竹やぶの中に金仏《かなぶつ》のように自分を置きすてて、どこへもゆかず、ただ、ひとり酒をのむ。その間、頭の中で宇宙を行脚《あんぎゃ》するらしく、順次同行《どうぎょう》をもとめるために電話をかけつづけてゆくのである。

そのようにしても怒らない——自分の作法の通ずる——相手を、先刻、友としてえらんであるから、世間にご迷惑をかけることはない。順があとになると、悲惨で、拙宅などは午前三時半という日もあった。

だからえらい、というわけには、これは参らない。

いっておかねばならないのは、この行為に自己陶酔は無縁で、自己愛にいたってはかけらもなく、このため、いくら酔っていても、喋《しゃべ》ることはその精神のように、からからまわる風車のように乾いていたことである。世にすねたところなどすこしもなく、他人の悪口もいっさいいわず、その皮膚のしめりを感じさせることばの旋律のなかには、しばしば名品というべき批評、あるいは口誦《こうしょう》の文学というべきものがあった。

掛けた相手の名はメモをしていたらしいが、自分がいった〝名品〟は翌日はすべてわすれていた。そのあたり、このひとの生涯に似ていなくもない。

三高を二度落第し、もう一度、入学試験をうけて入りなおし、さらに落第して退校してからは、世の中から下車した。人はみななにがしかの電車に乗っているのである。

その下車がほんものになってくるのは、初老をすぎてからで、話していてしばしば、こいつはこの世で他に見たことがないやつだな、と当方がイナヅマにでも撃たれるように思う頻度が多くなった。

私は若いころ、仕事で多くの僧に会ったが、初老以後の富士正晴のような人間をみたことがない。真如《しんにょ》というのは自己を否定しぬいてそれ以上、否定しようもないあたりからひらけるものらしいが、かれはそういう操作をへずに（むろんその種のことを悪《にく》んでもいたが）これ以上の底はないという底にゆっくりと尻餅《しりもち》をついていた。なにも人は遠い世の一休・良寛を求める必要はなく、富士を見ていればいいと思ったこともある。

そのころから富士は絵を描きだしたが、その絵についてはべつにふれねばならない。

富士正晴は虚空《こくう》からきた魂のままこの世を生き、詩と文章をすこし書き、どこかへ帰って行った。遺族は故人の気分をよく知っていて、葬儀は無いという。かれは、いかなる葬儀にも行ったことがなかった。その理由は、この稿の敬語のあたりで察せられたい。

〔「読売新聞大阪版」夕刊、一九八七年七月一六日〕

〈十返肇　評論家・作家　1914〜1963〉

顔

私は、住まいを東京にもっていないから、文壇づきあいというものがない。だから、十返肇《とがえりはじめ》氏を知るような条件は、まずないのである。

ただ、三、四年前の講演旅行で一緒になった。正直なところ、気持が暗かった。それまではかれは文壇の辻番《つじばん》だろうと思っていた。辻番というものはうるさいもので土佐藩の鍛《か》冶橋《じばし》藩邸の辻番などは棒を練習していて、他藩の侍が不都合な態度で通ったときなど番小屋からすわったまま、ぴゅーっと六尺棒を投げ、それを相手のマタにからませてひっくりかえしてしまう、という芸をもっている。

文壇的には他藩の侍である私など、そいつをやられるのではないかとうんざりした。

ところが、泊まりを重ねてゆくに従ってじつにいい人だということがわかってきた。しかし、辻番的な気味のわるさが、ぬけきらなかった。

一緒に行かれた境田昭造氏が、二人の似顔をかいてやる、というのでスケッチをとられたところ、境田さんが驚いた。

「おなじ顔ですな。いや、同じ顔です。私もいままで気づかなかったのですが、線にしてしまうとよくわかります」

私は自分の顔を、キンタマのシワのような顔だとかねがね思っている。十返さんもそうか、とおかしかった。

「もう一人おなじ顔がいますよ」

と境田さんがいった。十返さんはすっかりよろこんで（お酒のコップをかかえるときは他愛もなくよろこぶ人だが）、「たれや、たれや」ときいた。

「大宅《おおや》壮一さんです」

ああそうかと私も思いあたるふしがある。三人とも五角形の顔で、よく似た笑いじわが出来、おなじシワ立ちである。摂津の海峡をへだてた隣国が讃岐《さぬき》だし、要するにおなじ大エリアだから、そういうことも偶然でないのであろう。雑犬が泥雨にぬれているような白髪のはえ方も、おなじであった。

あとでこの話を編集者からきいた大宅さんが、わりあい満足してうなずいたらしい。が、その解説がよくなかった。

「おれの顔をだな、質に入れたのが司馬遼太郎の顔だ。質に入れて流れてしまったのが十返肇の顔だ」

なにをいってやがる、と私は大いに自尊心を傷つけられたが、考えてみると、そのようでもある。質にとどまっているのが名誉か、流れたのが名誉か、その点はよくわからないが、十返さんのそのころのことを思いだすと、たまらなく懐《なつか》しくなる。

〔「三友」第四十七号、一九六四年三月〕

〈井筒俊彦　言語学者・哲学者・イスラーム学者　1914〜1993〉

アラベスク――井筒《いづつ》俊彦氏を悼《いた》む

このとしの正月は、陳舜臣《ちんしゅんしん》氏とともに台湾を旅した。台北から南下する途中、農家、工場、小さな商店、看板などを見つつ、くりかえし井筒さんのことを考えていた。たとえば半農半商の家に、

「菓子狸」

という手書きの看板が出ていた。同種のものを何度も見た。井筒さんならこのへんな三文字をどう思うだろうと考えた。むろん、井筒さんは思想材としてとらえる。なにしろ古今東西の万巻の古典をそれぞれの言語で読み、それらをつきあわせつつ、個人や集団がもっている無意識下の深層に入り、その混沌《こんとん》の本質をつかまえ、体系化した。

井筒さんの方法として、最初に言語への理解がある。この場合、菓子はケーキではなく、果物《くだもの》のことである。狸はタヌキではない。

台湾ではムササビをさす。ムササビは古い漢語では鼯鼠《ごそ》（『荀子《じゅんし》』に用例）だが、台湾

の俗語では狸《り》である。つまり、この道中でのこれらの看板は、「果物ばかりを食べさせているムササビあります」という意味になる。

台湾人は料理の天才だから、きっと特別な料理法があって、珍味に仕立てあげるのにちがいない。しかしそんなものまで食ってみようというのは、①民族がもつ才能なのか、②歴史的に起因があってそれを食ってみたということなのか、あるいは③「菓子狸」という言語からなにかその背景の思想を探って深層にいたることができるのか。

①は文化人類学で、②は歴史学である。③こそ井筒さんの分野にちがいない。

「私は、そのことをあんまり考えたことがありません」

というのが、井筒さんの重要な口癖らしい。私は、井筒さんの温容をおもいうかべつつ、「菓子狸」の③について考えてみた。が、私のバスは、山寄りの村の家々の軒をこするようにしてすぎてゆく。ゆられている退屈しのぎに、イメージのなかの井筒さんと遊んでいる。「私はあんまり考えたことがありません」と、低目の、絹糸のような手ざわりの声でいわれるのを聞いたような気がした。「菓子狸」はどう焼いても煮ても、民族の深層に達するような課題ではない。

このような文章を書くはめになったのは、私が井筒さんと会った最後の人間になってしまったからである。

「中央公論」で対談したのは、去年（一九九二）の晩秋であった。ちょうど、日本の政界は「佐川急便」と政治家の癒着《ゆちゃく》ということでゆれていて、政界再編という動きまで出、しかし空《から》さわぎに似た無力な印象もあって、連日の報道にもかかわらず、世間の心は冷えていた。

しかし井筒さんは、そのような今日的話題から超然とされていて、ひとこともふれられず、できあがった誌面をみると、その十九ページだけが、古代インドの菩提樹《ぼだいじゅ》の下のようにしずかで、井筒さんのまわりにのみ、虚空《こくう》がほのかな光の輪になっているようだった。

むろん、井筒さんが今日的な課題から耳をふさいでいたのではなく、又聞きしたところでは、奥様の豊子さんに、

「いま騒がれている日本の政界の現象でも、たんねんに見つめると、日本の思想が出ていて、なるべくしてそうなっているはずなんだよ」

といわれていたそうである。話頭が左右するが、井筒さんは日本語が好きで、もし時間さえあれば、『古今』『新古今』から思想的構造をとりだして、意味論的研究をしてみたい、

とおっしゃっていた。

事があかるみに出たときの政界人の生態、片言隻句《へんげんせっく》、慣用句、論理、修辞をこまかく見てゆくと、日本思想としての全体像が出てくるということらしい。むろん日本文化は、聖書やコーランのように文字に書かれた古い思想文明をもたない。そういう社会でも、言動をひろってゆけば思想のわくのなかにあり、体系化しようとおもえばできるというのである。だから——飛躍するが——「菓子狸」についてもなんとか井筒さんの思想材にならないかと、バスによる道中の退屈しのぎにおもったのである。

妄想のあげくに、高雄《たかお》のホテルについた。

ホテルの玄関に、中央公論社の山形真功《まさよし》氏が立っていたのにおどろかされた。

「井筒俊彦先生が、おなくなりになりました」

かたわらにいた陳舜臣氏の表情が、ゆがんで白くなった。

陳さんも私も、前後左右の年齢の人の訃報にはおどろかないとしになっていながら、このときばかりは、自分をうしなった。

脳出血で、付近の病院には運ばれたものの、急逝《きゅうせい》というべきだった。とし、七十八。

故人の遺志で、葬儀・告別式はおこないません、と山形氏は言い、さらに、「奥様はしっかりしていらっしゃいます」といった。

そうだろう、と即座におもった。

豊子夫人は井筒さんとは十一とし下で、大正十四年（一九二五）大阪うまれである。津田塾を経て東大仏文科を昭和二十七年（一九五二）に出た。この卒業のとしに、三十八歳の井筒俊彦氏（当時慶応義塾大学文学部助教授）と結婚された。

井筒さんの思想的影響をもっともふかくうけられたのが豊子夫人だったはずだから、「しっかりしていらっしゃいます」という山形氏の表現に、夫人のたたずまいまでが想像できた。

井筒さんの思索には、軸《じく》がある。古代インド哲学における最高価値である「空《くう》」（あるいは「無」）である。が、その軸が、場合によってセム的な人格を帯びたヤハウェやアッラーにかわることがある。

両者を往来する方法としてギリシア哲学を、いわば道具として用いられた。道具が軸になって、ギリシアのソクラテス以前の自然神秘主義を、〝宇宙音声〟に似たようなすばらしい表現で体系づけられた。

ついには東西の思想が暗喩《あんゆ》、もしくは明示した深層のなかに入りこみ、〝通人類《つうじんるい》的〟な深層を確認し、そこに普遍的な体系を構築された。そういう人の死を、豊子夫人は思想的表現とみてたじろぐことがなかったというのは、目にみえるようである。むろん、悲しみとはべつなことだが。

山形氏は私に、最後に会った人間として、誄《るい》詞《し》こそしかるべきであるとすすめたので、分《ぶ》にあらずして書くことにした。

表題を「アラベスク」としたのは、豊子夫人が三十代のころ、いくつかの好短編を発表されたうちの一作品の題を借りることにしたのである。

ついでながら、当時、夫人は井筒真《ま》穂《ほ》という筆名で、昭和三十四年（一九五九）『白磁盒《ごう》子《し》』（小壺天書房）という短編集を出され、その翌年、雑誌「新潮」に「アラベスク」という短編小説をかかげられた。

アラベスクという普通名詞は、いうまでもなくイスラム風の流麗な唐草《からくさ》模様や幾何学的模様をさす。

ただし、その概念の範囲は、こんにちのモスクの壁面表現だけでなく、ローマ遺跡から発見されたヘレニズム期や古代ローマの洞窟《グロツタ》の壁面模様までふくまれており、まさに井筒的である。

井筒さんは、東西の古典的神秘思想をあつかいつつも、その思想はつねに明《めい》晰《せき》である。

また言語を信じ、すべてを端正な日本語によって完璧《かんぺき》に表現されてきた。井筒真穂の「アラベスク」はべつの主題による作品ながら、井筒俊彦という稀代《きたい》の哲学者の博捜と構築と表現を考えるとき、その鮮明さと流麗さ、さらには高度の形而上《けいじじょう》性とリズム感が、アラベスクということばにふさわしいようにおもえる。

井筒さんには、昭和五十八年（一九八三）、「朝日賞」を受賞されたとき、私もそれをもらったので、授賞式のときはじめてお目にかかった。和服姿のお写真を記憶していたから、式場での洋服姿が、印象にのこっている。それから九年後に、雑誌「中央公論」の対談でおめにかかった。

大病をされたあとというのに、やや白髪が加わった程度で、もし画家が線描するとすれば、中学生の顔になってしまいかねないほどに初々《ういうい》しかった。

和服を着ておられた。結城紬《ゆうきつむぎ》で、こげ茶の地に金茶色の蚊飛白《かがすり》が入っていた。帯は角帯ではなく、病後の身動きを楽にするためかシボリの黒い兵児帯《へこおび》だった。足もとは草履《ぞうり》ではなく、動作がややご不自由なのか靴に似た突っかけを用い、いざ穿《は》こうとされたとき、足もとがすこしおぼつかない気配なのが痛ましかった。

語学の話を、すこしうかがった。

私は、少年のころのこの人についての伝説を仄聞《そくぶん》していた。青山学院中等部ではじめて英語を習われたとき、複数を深刻に考えすぎて先生から注意を受けた。それが語学への関心のはじまりになったという。ただし、対談では右の逸話の真偽をたずねなかった。

ついでながら、井筒さんの「対談集」に語学についての話題が出ている。正確にはおぼえていないが、古代に文明（思想文明）を興《おこ》した言語（たとえば、サンスクリット、ヘブライ語、古典ギリシア語、古典アラビア語など）は、みなつよい抵抗があっておもしろい、そういうことからいえば英、仏、独語は容易すぎておもしろくない、ということであった。井筒伝説によればフランス語を数ヵ月でマスターし、フランス人とかわらない発音ができたという。雑談のとき、聴覚がよかっただけです。聴いた音《おん》をすぐ口にすることができましたが、義歯になってからは自信がありません、ともいわれた。

以下は、対談でのご発言である。

井筒　若い頃の私には、身のほどを知らぬ大口を叩《たた》く悪癖がありまして、「平凡な」、つまりほとんど抵抗のない、英独仏のような近代ヨーロッパ語などは外国語とはどうしても思えないなんて言い散らしていたものでした。要するに言語的にはあんまり箇

単すぎるというわけです。（笑）

この（笑）は、私が発した笑いである。私は外国語を専門に教える学校を出たくせに、耳が特別にわるく、習ったことばは音声として聴きとれず、正確に発音することができなかった。文法についても、ロシア語を二年も習いながら、ついに身につかず、このため、「あんまり簡単すぎて」という井筒さんのことばに、わが身をかえりみて大笑いしたのである。

井筒　だから、それを難しいなんていう人の気持ちがわからない。もっとも、そんな頃でも、近代語のうちではロシア語の場合には少し抵抗がありましたけれど……。

古典語に感ずる抵抗というものについて、きいてみた。

井筒　それはすばらしく魅力あるものでした。挑戦的というか、難しければ難しいほど、おもしろい。だけども、前にも申しましたようにアラビア語（注・古典アラビア語）だけはあんまり難しくて、ちょっとまいりましたね。語彙《ごい》がおそろしく豊富で、しかも一々《いちいち》の語が驚くほど多義的かつ流動的。その上、文法を学ぶことは易《やさ》しいけれども、実際にテクストが読めないんですよ。アラビア語は書いてないことを読まなきゃならないんです。表面に出てくる言葉が少し簡略になっているというか、書いてないことを自由に読めなきゃならない。

井筒さんにとって、生涯衰えることのなかった好奇心は、人はなぜ言葉をつかうか、ということであったろう。

さらには、言葉とはなにか、世界の言語はなぜ多様なのか、言語が思想をうむのか、もしくは思想が言語をうむのか、また言語と文明はどのようにかかわるのか、ということに発展したはずである。

言語は、いうまでもなく、いちいち意味をもっている。

言語は、意味でもある。意味論は、井筒さんの大学での専攻学問だった言語学の一部門でもある。言語学は音声学や音韻論という、物理的要素の濃い分野をふくむが、意味論となると、哲学そのものになる。音声学や音韻論は、耳がよくて論理の把握力にも超人的だった井筒さんにとって乳児食のようなものだったかとおもえるが、意味論にいたっては、井筒さんにとって、別の場所での井筒さんの表現を借りれば、〝蠱惑《こわく》に充《み》ちた〟世界だったらしい。

言語学から、ナマの古代言語をたずさえつつ、哲学の分野に足を踏み入れられたのは、当然といっていい。

井筒さんの好奇心は、ふみわけてゆくうちに、文明というひろい世界に出た。さきにふれたように、この場合の文明は、思想文明ということである。思想とは断片が矛盾しつつこまぎれとして混在するものではなく、渾然《こんぜん》たるものを、ときに力ずくでも論理化した秩序的な世界であることはいうまでもない。

当然ながら、その世界は言語によって表現される。言語が思想を生むのか思想が言語を再生産するのか、井筒さんはときに身ぶるいしながら、その世界に居つづけられたにちがいない。

いうまでもないが、井筒さんは、近代哲学の諸派についても、比類ない学匠だった。

「ＡＥＲＡ」一月十九日号に、編集部の砂山清氏が、井筒さんの追悼文を書いている。

三十数ヵ国語ができるといわれていた。十年前に氏に朝日賞が贈られた機会に、

「本当ですか」とたずねてみたことがある。

「いや、ほとんど忘れましたよ。いま使えるのは、英、仏、伊、西《スペイン》、露、ギリシャ、ラテン、サンスクリット、パーリ、中国、アラビア、ペルシャ、トルコ、シリア、ヘブライ語ぐらいなものです」

とケロッと言われたのに、ただ驚嘆するだけだった。


「人に会わないことで有名だった」と砂山氏が書いているが、そのことは、この文字どおり世界的碩学《せきがく》の名が、編集者用の手帳の人名欄にのっていないことでもわかる。かろうじて、この人の訳の『コーラン』を文庫版で出している岩波の手帳にのっているが、電話番号の記載はない。

おそらく、人になんぞ会っているいとまが惜しいほどに学問がおもしろかったから、門をほとんどとざしておられたのにちがいない。

およそ学問を出世のてだてにするという功利性がなく、ひたすらに学問が好きだったということで生涯をつらぬかれた。権柄《けんぺい》なところは、みじんもなかった。

戦後の日本で〝頭脳流出〟という現象がはやったが、ほとんどが理科系の学者の場合だった。

哲学者で〝流出〟したのは、井筒さんが最初だったろう。ヨーロッパの多くの名門大学で講義をし、最後にはイスラム神学の本場であるイランの王立哲学アカデミー教授としてまねかれ、その責任者になった。ホメイニ革命のとき、あやうく脱出された。

『井筒俊彦著作集』全十一巻・別巻一巻が、中央公論社から刊行されつづけている。その担当者のひとりが小林久子氏で、私は井筒さんと対談する前、このひとからあらかじめお人柄やご近況についてきいておいた。

「下品なということがかけらもない方です。上品という以外、申しあげようがありません」

お会いしてみると、まことにそのとおりで、生涯、功利性をもたず、人類が生んだ幾多の叡知《えいち》を探索し、人間とはなにかということを、言葉以前の深層において把握し、それを体系づけることのみに熱中なさっていれば——さらにはその体系をもっとも上質な近代日本語で表現しつづけておられれば——このような透きとおり方になるのかとあきれるようなおもいで、その温容を見た。

私にとってすばらしい体験だったのは、対談がおわっても井筒さんから受けたリズムが体のなかで鳴ることをやめなかったことである。年を越してもなお消えなかった。さらには正月早々、台北から高雄までのマイクロバスのなかでふと鳴りはじめ、その果てに、訃《ふ》をきいた。

人間は、普遍的存在である。解剖学的にも均質で、生物学的にも、スギやカシノキやアザラシ、ゾウなどにくらべ、地球の温・熱・寒いずれの地にも住むことができる。こういう生物を、生物学の用語でコスモポリタンというそうである。

ただ、民族というものがある。これは生物学的なものではない。

文化的なものである。

民族とは、同一文化を共有する集団のことで、井筒さんが探究されていた古代の大思想時代は、ギリシアにも中近東にも中国にも諸民族が存在しはしたものの、しかしその時代は、彼我《ひが》の差を強烈に意識するよりも、普遍的思想に参加したいという欲求のほうがつよかったようにおもえる。ヨーロッパにおける初期キリスト教、中国とその周辺における儒教の鑽仰《さんぎょう》のされ方をおもえばいい。

民族が、政治の激越な課題になるのは、十九世紀になってからではないか。たまたま井筒さんに会うことになったその時期、インドシナ半島ではカンボジアの問題、バルカン半島ではセルビアなどで、殺戮《さつりく》をともなう民族間紛争がおこっていた。

だから、民族というこの荷厄介《にやっかい》な観念もしくは感情とはなにかを問いたいとおもった。なにぶん、私は作家なのである。人間の課題について、概念や抽象操作で考えるよりも、形而下的に感じるほうがいい。ときに人間を抽象化したり、歴史を記号化する衝動をおこしたくなるが、そのつどおさえねばならない。

民族も、一面、一個の概念ながら、文化という、暮らしや思考法のちがいを現実面でみると——たとえば異文化間の婚姻などの場合——十分、小説の対象になりうる。げんにそういう作品を読むとき、人間という厄介なものがひどく明快にみえてきて、快感さえ感ずる。むろん、危険な快感にはちがいないが。

ともかくも、私は、民族とはなんでしょう、あげく、世界はどうなるのでしょう、ということを、井筒さんにたずねようとおもっていた。

なにぶん、訊《たず》ねる相手が、インドやイスラムをふくむ東西の哲学の全き理解者（おそらく世界の人文科学史上、唯一《ゆいいつ》で最初のひとだろう）である。この巨人と、私がやっとかかわりうる小さな接点であるかとおもえた。

対談のなかばをすぎて、おそるおそるこの課題を持ちだしてみた。

むろん、そのことを持ちだすために、くどくどと前提をのべた。十九世紀におこった民族自決の欲求や、国家の成立、または、他民族を戦場で殺戮しても罪を感じないというふしぎな意識のこと、さらにはユングにおける悪魔のこと。ユングは旧約聖書の唯一神は同様に悪魔でもあったと考えたこと、ユングによれば悪魔はむしろ顕在《けんざい》させて語られるべきであったということ、またドイツのプロテスタンティズムが悪魔を語らなくなったこと、そのためゲルマン世界では悪魔はひとびとの意識下に隠れてしまったこと、意識下にひそんだ悪魔は（ドイツの場合が想定されている）かえって間歇《かんけつ》的に躍《おど》り出ておそろしい破壊をもたらすこと、それが、ユングによれば、カイゼルのドイツやヒトラーのドイツにおける第一次、第二次大戦であったこと、などである。

当然ながら、井筒さんは、無意識という構造において、ユングに関心はもっておられた。が、民族という課題となると、

　民族の場合には、司馬さんが考えておられるようなことを、私はあんまり考えてなかったんですけど、……

と、あっさり——たとえば薬屋さんが、足袋《たび》を買いにきた客に、そういう類《たぐ》いは置いていないとことわるように——あかるくことわられた。あかるいといえば、この場合だけでなく、終始、井筒さんはあかるかった。思考の明晰さだけがもつあかるさといってよかった。

ただ、人間の課題を、発声言語という表層から、個々の、あるいは集団の意識の底の底の、これ以下に底はないという〝無底の底〟（インド哲学でいう阿頼耶識《あらやしき》）の、光も射《さ》さない（あるいは光が消えはてる瞬間か、光が射しそめる寸前の）どろどろした普遍にまで降りていって人間とその集団を考える井筒哲学にあっては、こういう場合の答えは、私が問う前に出てしまっている。井筒さんは、つづけていわれる。

……国際的な一元的な世界ができるには、そのなかに様々の要素が入ってこなければならない。様々の要素は、民族の場合には文化パターンというか、文化パラダイム（注・範例）で成立しているので、それが衝突するのはあたりまえで……

と、実験物理学者のように冷静なのである。

……衝突を超えてこそ、初めて本当の国際社会というものができるんじゃないか。そこにいたる過渡期として、いま非常な危機を経ている。私は、危機を経てもいいんじゃないかと思うんです。

危機を経てもいいんじゃないかというのは、単に語法としての婉曲《えんきょく》さで、むしろ危機を経る、危機を経るべく人間はつくられている、とおそろしいことを言いきっておられるようでもある。

古典アラビア語ではないが、言外にこの意味をよみとらねばならない。井筒さんは光《こう》明《みょう》ということをいっておられるようなのである。いまは闇《やみ》である。しかし前途に光明がある。一点、かすかにみえる光明を見つめてゆくことによって「本当の国際社会」ができるのではないか、という希望的なお答えのようでもあるらしかった。

井筒さんの学問のしかたは、すべての思想的古典を、その国のその時代の言語で読むということである。

たとえばコーランを読むために、コーランが成立した時代のことばで読もうとし、当初は模索した。

二十代の、慶応の大学院生時代のことだったかとおもえる。アラビア語を、独学ではじめた。当時、現代アラビア語でさえ日本でやっている人がなかった。

対談のなかで、当時のことを伺うと、大学のまわりのひとたちから、「おまえ、そんなことをしていたら学者になれないぞ」といわれたらしい。この場合の学者という定義は、大学で禄《ろく》を食《は》み、そのことによって研究を継続するひとのことをさすようである。

話頭を変えるようだが、昭和ヒトケタから同十年代の初期というのは、慶応の文学部のもっとも魅力的な時期だったかといえそうである。入学試験に身をやつすほどにはむずかしくはなく、かといって卒業したところで十分に就職があるわけでもなかった。学問が好きな者は——恒産《こうさん》があればのことだが——好きというただ一種類の動機だけでやっていればよかった。

井筒さんは、恒産のある家に生まれられたときいている。

父君についての知識が私にはないが、井筒さんの五歳のときから自宅の茶室で座禅をさせ、禅学を説くひとだったときいている。井筒さんの、仏教語でいう「自由」な精神のもとは、この生家のふんいきと禅学にあったといえるかもしれない。

年少の井筒さんは、右でいう「自由」の子として存在した。やがて古典アラビア語を話すタタールが上野の不忍池《しのばずのいけ》のほとりに住んでいることを知り、紹介する人があって、そこへ通うようになる。そこへ通うために、本郷の大学の構内を横切ってゆく。じつにたのしかったという。

ついでながら、タタールというのは韃靼《だったん》人のことである。この民族名の範囲はふつう漠然とつかわれるが、本来は、古代匈奴《きょうど》の時代から十二、三世紀のチンギス・ハーン時代までのあいだ、モンゴル人の仲間として隣接していたトルコ系遊牧民のことである。

モンゴル征服王朝が現在のロシアを領有したとき、タタールはヴォルガ川の中流の草原で遊牧していた。ロシアがロマノフ家の帝政時代に入るころには混血して外貌《がいぼう》はロシア人とかわらなくなっていた。

ロシアの帝政がほろんでソ連になるころ、多くのタタールが世界に流浪《るろう》した。日本で〝ラシャ売りの白系露人〟といわれたひとたちのほとんどはロシア人でなく、タタールだった。

タタールはいつのほどかイスラム化した。しかもかれらのなかから多くのイスラム学者が出た。

不忍池の池畔に寓居《ぐうきょ》していた老人もそういう知識人のひとりで、汎《パン》イスラムの運動家だった。魁偉《かいい》な容貌をもち、私は百歳です、と自称していたが、井筒さんのみたところ、五つほど多くサバをよんでいたらしい。

やがてその人は、教えるべきことはすべて教えた、と言い、そのころ日本にやってきた第二のタタールを紹介した。百歳翁《おう》によれば、新来のタタールは大学者だという。

井筒青年は、その大学者を代々木の一戸建ちの借家に訪ねた。あたらしいタタールはほとんど無一文にちかかった。

その借家に住みながら、一軒まるごと借りるだけの家賃をもっていなかった。家主がいいひとで、それでは一部屋ぶん貸そう、というと、その部屋代も出す能力がなかった。やむなく家主は押し入れの上段だけを貸した。このためそのイスラム学者は、一日じゅう上段で寝ていた。

庭へまわった井筒さんが、どこからともなくきこえてくるそのタタールの古典アラビア語に導かれてその部屋に入ると、押し入れのフスマがひらき、上段から大きな男が這《は》いだしてきた、という。

このタタールから、八世紀の本で、アラビア文法学の聖書といわれる『シーバワイヒの書』をおそわった。といって井筒さんがその本を持っていたわけではなく、またタタールもそれをもっていなかった。この異能の流浪の大学者は、千ページほどの大部な古典を、一字一句暗誦《あんしょう》していたのである。

その「注釈本」まで暗記していて、さらに自分の意見まで持っていた。ムーサー・ジャールッラーハというそのタタールは、宙《ちゅう》で、つまり書き取り《ディクテーション》で井筒さんにおしえた。私は話の腰を折って、時代をきいた。井筒さんにとって、現代の年代などどうでもよかった。

「日中戦争ははじまっていましたか」とうかがうと、「はじまっていました」ということだったから、昭和十三、四年のころらしい。

高雄は、ふるくは打狗《タアカオ》、犬を打つ、というぶっそうな地名だった。

日本の植民地時代、日本語の訓《くん》よみでもって、高雄という漢字をあてた。

いまは高雄のまま、カオシュンという中国音で発音されるようになっている。日本の札幌に似た大ぶりな街衢《がいく》をもつ大都市である。

新築の一流ホテルのロビイというのは、無国籍である。

ロビイに立っているかぎり、ここが東京だといわれればそうかとおもい、ニューヨークだとおもえば、そうともおもえる。

そのような一隅で、山形真功氏の話をききつつ、虚空《こくう》にもどった巨大な通人類人のことを、茫々《ぼうぼう》とおもった。

〔「中央公論」一九九三年三月号〕

モダン・町の絵師 中村真論

〈中村真　洋画家　1914～1969〉

大阪のミナミといえば、レストランか帽子屋さんばかりの街かとおもったら、画家の夫婦が住んでいた。訪ねると、まことにゆかいな暮しぶりなのである。

すし屋さんがトロのにぎり心地のよさを売るように、生地屋さんがイギリス直輸入のツヤのいいドスキンを売るように、この画家はモダンでイキな造形感覚を、ひとプランいくらでお客に売っている。

お客は、たいてい、バーのマダムか、喫茶店のオヤジだ。ルオーもコルビュジエも知らない。絵といえばポンチ絵、美といえばストリップの看板ぐらいしか知らない紳士、淑女なのである。

「もうかりまっしゃろか、このデザイン――」

「さよう。今の一倍半程度はね――」

画家は、むかし重砲兵に採られたという太い腕を顔のあたりに上げ、とくいげにドジョウ・ヒゲをくすぐる。厚味のある顔、それに厚味のある微笑がうかんでいる。たくましい自信をかくした、やさしい微笑だ。

「なんしろ、ゼイキンでごっそりやられましたんでなア。なんとかして先生のデザインで店を改造して取りかえさんと……。ほんまに先生、大丈夫だっしゃろか」

「そんなにご心配なら、こういうのはどうです」

画家は、とっときのデザインをしめす。

「あっ、ソレソレ」

お客はとびつく。ホクホク顔で帰ってゆく——、

そういう画家なのである。この中村真《しん》先生というのは。

だいたいのところ、大阪という大都市そのものをカンバスと心得ている不逞《ふてい》の精神の持主だ。

アトリエで、世紀の苦悩を一身に背負ったみたいな渋面を作って絵具をこすりつけているありきたりな画家とは多少オモムキを異にしている。彼の仕事場はアトリエでなくて街だ。カンバスに絵を描くよりも、街そのものを改造して絵にしようとしているのだ。まことに恐れいったアツカマシサである。

大阪のある有名喫茶店で奇妙なウワサが立った。それがいまや伝説にまでなろうとしている。

「あの店に恋人と行ったらあかんで。必ず縁切れになる」

そんなウワサだ。

「ふうん、あの子と別れたいの？　そんなら一緒にP店に行ったらええねん」

そういう知識は、ちかごろ、どのミー子にもハー夫のポケットにもはいっている。

お染久松の当時なら、お伊勢《いせ》さまがそういう役割だったらしいが、ちかごろの大阪恋愛界ではもっぱらP店がその神秘を独占している。

そのシンイン・ヒョウビョウたる喫茶店を造りあげたのがたれあろう、この画家なのである。

「おそらくそうなるやろとおもててん。あの店はナ、店のオンナノコだけがきれいに見えるようにしたアんね。そのため、せっかく連れてきた恋人が見劣りするねナ……。恋人同士が来ると客足の回転が悪《わ》るなるさかい」と、ケロリとした顔である。なんと最初から彼はその意図でデザインしたのだ。まことに奇妙キテレツな造形力というべきであろう。

むかし、画家を絵師といった。絵師には将軍、大名あたりから扶持《ふち》で養われたお抱え絵師もあれば、フリーの絵師もあった。フリーの絵師は近所の旦那《だんな》にたのまれてはフスマ絵を描いたり、版画屋の注文で浮世絵の版下を作ったり、時には旅行して安寺の杉戸に絵をかいたりした。こういうエカキを〝町の絵師〟とひとびとは呼んだが、明治以降、洋画の伝統が入りこんでから絵師は画家と改称し、アトリエというカタカナ文字の構築物をかまえて、チマタの世界とは一段高座にすわるようになってから、スジの通った画家で、そういう仕事をする人はほとんどいなくなった。が、こんにちの時代は、画家に対して、そういう孤高で閉鎖的なありかたを許さなくなっている。

国土の美化や、都市美の造形に彼らを参画させようという考えかたが、ボツボツひろまりつつある。

そういう時代に先覚に燃えて一歩お先にとびだしたのが中村真だ。いわば、モダン・町の絵師という光栄ある称号が適当な存在なのである。

〔「未生」、一九五五年九月〕

安田章生《あやお》氏を悼《いた》む

〈安田章生　歌人　1917～1979〉

阪急沿線の石橋に住む歌人安田章生氏が、一年半ほどの闘病のすえ、十三日、鬼籍に入られた。

酒もタバコものまず、生活は中世の修道僧のように規律的であったが、病名は肺がんであった。

小柄で、容貌《ようぼう》に少年の色がぬけず、三年前に播州《ばんしゅう》に旅行したときなども、なにかの拍子に、

「ほどなく六十になります」

と氏がいったとき、私は内心驚きつつも、この中学生のような容貌でどういう老人になるつもりだろうと不安に思ったほどだった。

学者としての氏は、定家の研究で知られている。こんにち何人も定家を研究するひとは、氏の大著『藤原定家研究』を通過せざるをえないだろうと思われる。

私は二十数年、交誼《こうぎ》を得たが、万葉を一度も語ることがなく、日本の歌の美を『古今』『新古今』に置きつづけて変ることがなかった。

「平安朝は、散文はまだ熟していなかったのではないでしょうか。歌だけは熟しきってみごとなものだと思います」

とつぶやかれたのは、三年前、播州室津《むろつ》の宿で朝食をとっているときだった。歌の話と表裏するようにして花の話がごく自然に出た。花は桜に尽きるし、桜は山桜に尽きるのではないでしょうか、と口ごもって語られたことは、文字に書けば平凡なことながら、この人の心を通すと、ゆゆしい思いがした。やがて、

「桜が陽《ひ》の中で散ってゆくさまを見ますと、花びらの一枚ずつが最後には光に化《な》ってしまうようで、ああいう花はほかにあるでしょうか」

といわれたとき、北嶺《ほくれい》で観《かん》をする僧がそこにいるかのように、ありありと花が光になって虚空《こくう》に溶け散っているのが私の目にも見えるような感じがした。

氏は学究である以上に『古今』『新古今』の美への感受性を多量に持ちつづけられた。明治末期以後、『古今』『新古今』はかえりみられずに長い時間を経たし、氏はそのことをよく知っていた。

そういう美的感情がなまで外に露《あら》われることを文章の上では懸命に抑制しておられた。

ただ精神のなかではその感情が年とともに透明度をまして、やるせないまでであったことは、氏の最も新しい歌集である『旅人の耳』などを読んで十分察することができる。

歌人として早くから「知的抒情《じょじょう》」を提唱されたのも、右の暗黙の美的感情と無縁ではない。私など、知的抒情という言葉が不熟なように思われて好まなかったが、歌壇では近ごろすでに市民権をもった言葉になっていて、氏が亡《な》くなった日の夕刊でも、ある国文学者が「……在原業平《ありわらのなりひら》の歌は洗練された知的抒情」というふうに述べておられるのを読んだ。歌人としての氏が生涯提唱しつづけたことだけに、私にはこの活字が目に沁《し》み入るようにおもわれた。

氏は厳父青風氏とともに三十余年、短歌雑誌「白珠《しらたま》」を主宰しつづけて来られた。氏の篤実《とくじつ》な人柄によって、この結社は関西ではあるいは最も古く、最も大きい歌の仲間の会になっているのではないか。この雑誌に、かつては岡部伊都子《いつこ》氏も田辺聖子氏も出詠しておられたことを思いだすことができる。氏の逝去《せいきょ》が、この結社にとっても大きな痛手になるのではないか。

〔「朝日新聞」夕刊、一九七九年二月一七日〕

私どもの誇りである人として（津志本貞著『薔薇』）

〈津志本貞　園芸家　1917～1999〉

津志本氏がとほうもなく大きな存在であることは、昭和二十年代、大阪府の新家《しんげ》という在所で、小さな畑の土をくだいてバラを植えはじめたときから、傍目《はため》にはわかっていた。すぐれた実際家でありながら、夢のような表情をしていた。そのころ私が「津志本さんは園芸家というより作家ですね」というと、このひとは、なにやら深いためいきを一つついてから、かすかにうなずいた。

なにしろ、いいバラをのこして、ほとんどの花をすててしまうのである（この写真集におけるバラの炎のすがたをご覧ありたい）。その選択は、陶芸の名匠よりもきびしく、創作者というよりほかなかった。

津志本さんは、旧制中学を出たあと、当時自由な校風で知られた文化学院の洋画科に入って、画家を志された。

ところが、戦争がこの多能な人を戦場につれて行った。物の習練にもっとも大切な時期をこのひとからうばったのである。

ぶじ帰還したあと、八丈島のそばの無人島へ行って、みずから流謫《るたく》のくらしをされたらしい。多分、このときの瞑想《めいそう》が、この人のその後半生を決めたのにちがいない。

そのあと、泉南《せんなん》の故郷に帰ってきて、父君から、いくらかの田畑をわけてもらった。ついでながら、津志本家は江戸期の蘭方《らんぽう》時代までさかのぼる泉南の医家で、代々徳望の高い仁術者を出してきた。

津志本さんは、はじめ山羊《やぎ》や緬羊《めんよう》を飼うということをされたが、このことは、多分にロマンでありすぎたかもしれない。つぎは、バラを作ろうとされた。画家がバラを作るのである。むろん園芸のことはわからないから、京大農学部の並河教授のもとにゆかれて、教えを乞《こ》われた。

私がはじめて津志本氏のバラ園をたずねたのは、その後のことだった。さきにのべた新家という、急行のとまらない駅におりると、バラの香りが風の中でみちていたことをおぼえている。

津志本さんがみずから設計されたややスペイン風の住居は、まわりのバラたちの管理のための機関として存在していた。海をゆく三本檣《カラベラ》船の船橋のような感じもした。

「梅原（龍三郎）さんの絵の中のバラはすごいですね、やはりバラも一流ですね」

といわれたのには、おどろいた。梅原の絵を芸術として見るだけでなく、バラとしても見ておられたのである。

なにが一流のバラかというのは、凡眼ではわかりにくい。梅原龍三郎という人には、それが見えていたということなのである（たれが、こういう美術評を、梅原さんについて述べたろう。ついでながら晩年の梅原さんのバラは、津志本さんのバラだったといわれている）。

この時期から、津志本さんは、どうやら、バラについて梅原さんと同じか、それ以上の目をもっていた。

極度にふかい焦点をもった津志本さんの目に適《あ》わない花は、容赦もなくすてられた。ときに木も蕾《つぼみ》も花も、炎の中に投じられた。

むろん、この人に採算計算などはない。だから、園芸家ではなく、作家というよりほかない。

ただ、当時の津志本さんをすくったのは、東京における国際化振興のレセプションが、毎日のように東京のどこかでおこなわれていたことだ。欧米人はバラにうるさく、その目に適うようなバラが会場に必要というような時代になっていたのである。

戦前の日本なら、とても津志本さんのような人を生むことができなかったろう。

戦後日本を評価する場合、当然、幾人かの顔がうかぶ。私など、そのときいつも、作業衣姿の津志本さんの顔を思いうかべるのである。

〔津志本貞著『薔薇』序文、求龍堂、一九八七年八月〕

〈八木一夫　陶芸家　1918〜1979〉

八木一夫雑感（『八木一夫作品集』）

造形作家である八木一夫のうまれつきには、ちょっと信じがたいほど多分野の芸術的才能が眠っていた。

最初に出会ったのは、昭和三十年ごろで、かれは下戸《げこ》ばかりの一座にまじっていた。このためたれもかれの酒好きに同情せず、酒をとりよせようとする者もいなかった。

そういうわるい状況のなかで、かれは平然とし、しかもふしぎなことに十分に酩酊《めいてい》していた。かれにとって自他はからかいのたねとして存在しているようで、自他に軽い引掻《ひっか》き傷をつくっては、あふれるように警句性に富んだおしゃべりをつづけていた。

「オウチ」

と、かれは相手にいう。オーチときこえる。かれが考案した独特の第二人称だった。

キミ、オマエ、アナタ、アンタのすべてが差しつかえ、しかもオタクではそらぞらしすぎる場合、オウチならすべての局面に適合し、どんな心理的障害でも突破できるという便利さをもっていた。もともとこの第二人称は、かつて中年婦人の一部でときに使われていたことばだったが、八木がことばの屑物《くずもの》入れのなかから探しだしてきた。ただ不自由なことに、八木流の音楽的な会話文体にはめこまれるときのみに生き、われわれが盗用できないことであった。

　八木はその強烈な自我をまもるために、他者を尊重するというきわめて市民的な精神と思想をもっていた。ただし平等に尊重した。このため相手への代名詞はヨーロッパ語と同様、一種類しかつかわなかった。先輩に対してもオーチであり、かれが指導している学生に対してもオーチであった。

「オーチの言わはること、おもろいな」

と、初対面の私にいったりした。私は当時、柳宗悦《やなぎむねよし》を読みすぎていたせいか、焼物における「用」のことばかりを喋《しゃべ》り、結果として走泥社《そうでいしゃ》の方向を理解する側に立っていないというふうでもあった。そのくせ一方ではかれの《ザムザ氏の散歩》にはげしい衝撃をうけており、そういうものを生みおとしたまま風狂に笑っている八木一夫という人物につよい関心をもち、できればかれの精神と思想を手ざわりで知りたいとおもっていた。

　私は、焼物における「用」という、八木にとって百万回も聴きふるし、千万回も抵抗してきた思想を、それも借りもののかたちで言っている。この記憶は、いまおもいだしても死にたいほどはずかしい。

それに対し八木は自分の主張をいっさいせず、私のいう意見についても駁論《ばくろん》しようとはしなかった。この場合の「おもろい」というのは、かれにとって退屈の表現であり、この話題を早くおわらせたいという一方的な信号だったかと思われる。私はそのころ二十代の終りで、八木さんは私より五歳兄であった。

当時、私は美術記者をしていたが、焼物がなによりも荷厄介な課題だった。

油絵にはなにごとかとの対決があるが、本来、火と土がその大部分をつくる焼物には一般にそれがない。極端なものとして、李朝《りちょう》の無名の職人がつくった白磁の壺《つぼ》は現代の苦悩をなにごとも語ってくれず、これに対《むか》う姿勢といえば、好きか無関心かどちらかしかない。

相手が没個性のまま無言でいる以上、好きになるというのは、こちらが精一杯の思い入れをして、壺に魂を吸いこませ、さらには吸いとられてしまう以外に好きということの完結はないであろうと思っていたし、いまも思っている。いまは私も初老になって自分を惜しむ気持はなくなったが、当時はそこまでして焼物をすきになる必要はないと感じていた。焼物は用だけ足してくれればいい、その上、魂まで吸いとろうというのは因業《いんごう》ではないかとおもったりしていた。

八木一夫の作陶は右のような焼物ではなく、歴《れっき》とした思想と感情をかたまりにして空間にぶらさげたものだった。展示用の卓子さえ不必要とするほどに独立した造形であり、こちらを圧倒するほどに自分だけの思想を自分だけの言葉で語りつづける作品だった。

陶芸が沈黙の工芸であるだけに、八木作品に最初に接した印象は、無気味ともなんとも言いがたいものであった。語りかけてくるものに対し、こちらが組みうちでもしないかぎり、無気味さを無害にする方法はないと思った。このことはピカソの作品を最初に見た衝撃と同質のものであった。相手の根元的な悪意からぬけだすために、たとえばピカソの絵の前で「ヴラマンクの情緒がいい」と、心ならずも絶叫したりするようなものであり、そのことと八木さんに「用」を喋ってしまったこととは心理的に共通している。

私の中で、その後ピカソの衝撃が薄らいで行ったが、八木一夫のそれは抜きさしならず私の中で成長した。

その後、私は日本における油絵の困難さを思うようになった。西洋人にとって生理的とさえいえる当然の立体感覚は、平面の表出に伝統のある日本人にとってつねに学習の対象であり、絵具そのものも、西洋人にとって自然の一部として画面に付着するのに、日本人の場合、体質としてうまくゆかない場合が多い。

それを思うにつけ、八木の仕事を見る私の目つきが変ってきた。

八木がその仲間たちと手づくりで切り拓《ひら》いた造形の場だけは、土や火、あるいはあらゆる窯業《ようぎょう》技術が、いたましいほどの従順さでかれの思想表現のための従者になりおおせているのである。

私は八木の窯業上の技術は、あらゆる伝統的な陶芸界のなかで卓越していると思っているし、これについてもっと激しい言葉をつかいたいほどである。その技術を作品の上《うわ》べで誇示する必要がなかったのは、八木の目的とその論理がつねに明晰《めいせき》なためであった。自分の思想的な詩に造形性をあたえたいというただ一つの目的のために、かれの技術も、あるいは火と土という日本に根づききった材料も、こまかく配置され、計算されぬいて動き、あるいは予定のとおりに変化させられているというためである。それらは主題を押しだして虚空《こくう》に独立して輝かせるために存在していた。

画家たちが技術を学ぶことの重さのために、つい磨《す》りへらした大切なものを、八木は五条坂の伝統と家業の土の中から出てきたために、むしろ年とともにふとらせ、その主題を包む技術も自然な年輪をかさねた。むろんかれは瞬時もその技術に酔ったことがなかった。自己への陶酔がいかに自己を損うものであるかということを八木ほど知っていた者はすくなく、自己に対する目はいつも氷のように白く冷たく光っていた。このことが自他に対する痛烈なユーモアにもなるのだが、いずれにせよこれほどの技術者が、技術は単に自分の主題のための奴隷《どれい》にすぎないとして冷然たる態度をとっていたことは、凄味《すごみ》以上のものであった。

八木はいつも貧乏していた。

かれの父の一艸《いっそう》は、若いころ新しい芸術運動をおこしたという点で、八木と共通している。大正期に楠部弥弌《くすべやいち》らとともにそれをやり、陶芸という生産社会のなかで個人を確立するという道をひらいた。

戦後、兵隊から帰ってきた八木は、父の陶芸観を全否定することからはじめた。父の一艸の陶芸観ならなんとか食えたにちがいないが、長男の一夫は「用」という足場を自らはずしきったために食えるわけのない世界へ歩きだしたのである。

二十数年前、八木が私に、めずらしくその厳父について語ったことがある。

当時（いまもそうかもしれない）円山公園で早朝のラジオ体操の会があったが、一艸翁《おう》はそれへ毎朝でかけた。自分の世界と自分の方法をまもることに頑《かたく》なだった翁は、自分が体操をする場所を、どの桜の木の下というふうに厳格にきめていた。

その桜の木に、十センチほどの枯枝の名残りが、小指ほど突き出ている。翁のおかしさは、上衣をかけるのはその小指大の枯枝の名残りでなければならないと決めこんでいることであり、それへ二十年ほども掛けてきたために小枝が油びかりするまでになっていた。地球がいかに広がろうとも翁にとって上衣をかけるのはその小枝しかなく、それを守ることは翁の思想と日常を守ることと等質であり、まったくの同心円のなかにあった。

　ある朝、その小枝に見知らぬ上衣がかかっているのを翁が見つけ、上衣の持主に小枝の領有権を主張して犬の嚙《か》みあいのような騒ぎになったという。

　一艸翁は、在野ぎらいだった。

「在野と、曳かれもんとは一緒にならへんで。まず官展で実力をつけて、それから在野というのならねえ」（八木一夫『懐中の風景』）

と、一夫にあてこすったりした。

　戦後、翁と一夫は、五条坂の自宅の工房で仕事をするのだが、一つしかない仕事部屋を二人が同時につかうということを、この父子はいっさいしなかった。一夫が仕事をしているときは翁はどこかへ行ってしまう。逆の場合、一夫は友達の家などに遊びに行った。

　このことは一夫の神経というより、一艸という人の潔癖さによるものだったろう。のち翁は嵯峨《さが》のほうに仕事場をつくって五条坂の家を出ていってしまった。

　五条坂の家はずっと借家だったという。大正の借家建ちで、八木は「古めかしい小問屋《こどんや》風の」というが、いかにも名工がうまれそうな、京都風の風韻のある町家《まちや》だった。

八木はその談話速記の『私の自叙伝』のなかで「その時分（註・戦後）家はもう貧乏で、親父《おやじ》も食うのがへただったし、私もへただった」という。その一艸翁が八木を培養するために遺《のこ》したものは無量にあるが、なんといっても五条坂を八木の成立の場にしたことは大きい。

八木は茶の美学など京都的伝統には徹底的にさからった。しかし逆の逆のようなことだが、茶道的美意識の本場である五条坂の伝統の養分をこの人ほどふかく身につけた人もすくなく、このことはかれにおいて無意識ながら不動といっていい自信になっていた。

八木がもし草深い田舎の窯《かま》にうまれていたら、意識の上で日本そのものを角力《すもう》の相手にせざるをえず、敵の幻影の大きさのために独り角力の段階で頸《くび》の骨を折られてしまったかもしれない。

すくなくともぼう大なエネルギーを無意味に消耗するはめになったろうが、幸い日本の陶芸にとって古くから中央とされてきた五条坂でうまれたために、五条坂をねじ伏せるだけで、そのまま美の普遍的世界へ突きぬけてゆくことができた。

八木にとって敵は観念でなく、目に見える近所であった。陶芸の伝統的な名家の人や、名だたる個人作家たちが、近所のオヤジさんとして家の前の坂をのぼり降りしていた。

かれらが八木にとって形而上《けいじじょう》の敵であっても、形而下的には親切な先輩であったことを見落してはならない。八木もその点はよく心得、礼を失したことがなく、むしろかれらから可愛《かわい》がられてもいた。室町以来、京都がすぐれた創作の町であり、つねに衰弱した伝統があたらしい創造にとってかわられる町であったことが、戦後、その名に値いする本格的な前衛作家であった八木の成立にとって小さくなく、さらにいえばかれが、自分の芸術思想をつらぬくために平然と貧乏でありえたことは、この町の伝統による。この町の各分野の工芸家で、創作上の良心以外の考え方で致富する者を同業者がいやしみ、その逆の者を尊んだということは、八木一夫につきまとう高貴な安気《あんき》さに直接かかわりがあったといっていい。

昭和三十年ごろだったか、

「宿六《やどろく》貧窮す」

という題の鼎談《ていだん》に八木が出たことがある。私がいた新聞の婦人欄が企画したもので、その欄の者がたれがいいだろうというので、私は詩人の富士正晴と八木一夫、それに画家の下高原龍巳の三人を推薦した。妙な鼎談で、最後に三人が言いさわいでこのうち一番貧乏は誰かということになって、八木が富士の貧乏に負けた。八木があのよく張ってしかも鋭

いあごを卓子にたたきつけるように笑いながら、

「茶碗《ちゃわん》屋はまだましか。貧乏しても茶碗だけはあるからなあ」

と、くやしそうにいったのを覚えている。

が、八木はこれより少し前、才能のあるかれの先輩がニコヨンになったのをみて自分もそれになろうかと本気で考えたことがあったという。そのことは前記『私の自叙伝』で語っているから、よほどの窮迫であったにちがいない。ついでながら、この鼎談ののち、八木と富士は終生の友人になった。八木の死後、富士は悲しみ、八木を惜しむあまり背中に死霊が憑《つ》いたようになって、四方八方に電話し、私どもをおびやかした。


八木は、教師でもあった。

昭和三十二年、京都市立美大（現・京都芸大）の非常勤講師になってからずっと学生を教えつづけてきた。それも、学生一人一人にのめりこむように教えた。世界の造形の分野で八木一夫の存在はかけがえのないものであった。その人物が学校で学生を教えて創作上の内圧を下げていることほど（私の想像だが）愚劣なことはないと私はおもっている。

昭和五十二年、大阪のカサハラ画廊で個展がひらかれたとき、あとで町で八木と飲んだ。そのとき、なぜ学校の先生などをするのかと私がやや詰問《きつもん》調に問うと、かれは一瞬真顔に

なり、

「食えなんだからや」

と、過去形でいった。私は言葉をうしない、不用意な質問を後悔した。私の記憶では大学教師である夫人の敏子さんの収入で八木はなんとかやっていると思っていたのだが、それだけでは八木の用語でいう食えなかったのであろう。

その後、八木が拙宅を訪ねてきてくれた。この時期、八木がつぎの学長に推されるのではないかといううわさがあり、私にはひどく不安であった。八木の性格では行政職といえども律義《りちぎ》にやりすぎるところがあり、むろんニコヨンをやっても痛々しいほどに懸命にやるようなところがあった。

そういう不幸がこの貴重すぎる作家の上に見舞わないことをねがっていたが、このときは前回の質問にこりてなにも言わずにおわった。


昭和五十二年のカサハラ画廊での展覧会は黒陶ばかりだったが、作品が肉厚になり、まるみも増していた。

自分の痩《や》せた中指を突きたてて灯《ひ》をともし、骨の焦《こ》げる匂《にお》いを嗅《か》いでいるような初期の悪意はなくなっていたが、人間の生の奢《おご》りを哄笑《こうしょう》し、逆に死のおごりについても愛に満ちたからかいをつづけている八木の詩が、そこにぬきさしならぬかたまりとしてあった。

狭い会場を歩きながら、八木のもつ文学と音楽について考えた。

若いころの八木に、私はつよく文学者を感じ、八木がいるかぎりうかつに小説など書けないと思ったことがある。

が、かれは小説を書かず、詩だけはまれに書いた。かれの造形作品が砂漠に置かれるときもっとも処《ところ》を得るように、草木の豊かな京都にいながら、そのイメージの底には乾燥地帯へのつよい憧憬があった。「驢馬《ろば》のうた」という詩に、カラチ街道の印象を、

オイルまみれのカラチ街道は
目も眩《くら》む砂漠の真《ま》っ只中《ただなか》を
古傷みたいな光りかたで
空っぽの地平へとただ一直線

というイメージでうたっているのは、そのまま黒陶以前の八木作品にかさなる。

詩はむろん素人《しろうと》のものでうまいとは言いがたいが、詩的な無数の観念群や情念群が、つねに八木の精神の基底に混沌《こんとん》のかたちのまま液をたたえていたことだけはたしかである。

音楽については八木自身、自分に不離のものとして考えていたし、かつて八木が、自分にもし才能があるとすればそれは音楽だといったことがあるが、それらは混沌のままかれの中にたたえられていた。

それらが気化し、凝固したのが、かれの造形作品といってよく、このことはたまたま気化させ凝固させる方法と技術（彫刻・陶芸）がかれの身にそなわっていた。

――心があれば技術はあとからついてくるものなのです。

と、八木の先輩がかれにいったそうだが、八木の場合はかれの体のなかにあってついに技術化することのなかった詩と音楽が、かれの陶芸の技術にたえず汲《く》みあげられていたと言ったほうがいいかと思われる。

かれは家で陶器を学び、学校では彫刻を学んだ。私は二十代の終りごろ、かれの仕事を、彫刻を陶器の材料と方法でやったものかと早合点したことがあるが、しかし目を洗いなしてよく見ると、そういう形態先行（八木一夫のことばでいう彫刻的発想）は、かれの作品の過程にも結果にもすこしも見られない。要するに詩と音楽というかれの伏流水を、技術というかれのツルベで汲みあげることのほか余念がなく、その汲みあげ方が技術の成熟とともにたっぷりしたものになってきただけのことではないかと思われる。

青春のころのかれの作品は、その季節らしい汲みあげ方で、かれの詩にいう傷痕《きずあと》が光るように直截《ちょくせつ》なものであった。

ただその時期にすでに朝鮮、中国、日本の伝統への接近がはじまっており、とくに朝鮮へのおどろきは、柳宗悦とはまったくちがった感受性のなかで蓄積された。初老のころの八木ほど古典に深い理解をもった人は伝統工芸家にもいないのではあるまいか。

昭和四十二、三年ごろ、五条坂のかれの古風な町家を不意に訪ねると、かれが応接間にしている土間のむこうに三十ワットほどの電球が一個ぶらさがっているだけで、なかがよく見えなかった。やがて出てきたかれは、しばらく見つめて私の顔が見えないような様子を示した。

「もう一個ほど電球をふやしたらどうだろう」

と私がいうと、かれはいかがわしげに私の顔をみて、

「昔から黄昏《たそがれ》どきの家の中はこのくらいのものや。これで物を見たり感じたりしてきたのに、オーチは毒されとるんや」

と、いった。いまの照明文化に毒されているだけで、それを基準としていうのは批評にも何もならんのや、ということであったろう。

私は禅僧ぎらいで、嫌いなあまり、あるとき、禅の悟りというものまで疑わしく思えてきた。あれはひょっとするとイリュージョンかもしれんな、と八木を挑発すると、この真

の意味での前衛作家は笑顔を凍らせて、

「ちがう。あれはイリュージョンやない」

と、言下に言いきったのにはおどろかされた。私はこの種のことは誰がなんといおうとも影響されないたちだが、かれについては例外で、

——八木ほどの人間があいうからには本当かも知れない。

と思いなおし、その後、十数年もこの課題を棚に置いたまま考えつづけている。

ともかくも八木は有形、無形の古典のなかのもっとも良質なものを豊潤に吸いこんだまま、しかも二十代の感受性を千年ももちつづける勢いを示しつづけたまま、にわかに死んだ。私はこのように世に居て、唯一《ゆいいつ》の経験として天才が死ぬという衝撃を真向からうけさせられた。

あとは、作品の中にだけ八木一夫がいると思って生きてゆくしかない。


〔『八木一夫作品集』講談社、一九八〇年一月〕

〈山村雄一　免疫学者　1918〜1990〉

高貴な少年（編集委員会編『山村雄一先生とその人脈』）

山村さんは、ときに少年のように笑う。

（このひとの中に、いっぴきの少年がいる）

と、感動的におもわされてしまう。

大きな魂というのは、その内側に少年を飼っているかいないか、ということだと私は考えている。物事に不審を感ずる心、芸術への感動、星空の下にいるというだけで心が水色に溶《と》けてゆくような衝動、気高さをもった異性や同性を見たときに、その気高さを小さな宝石のように結晶させて自分の心臓にピンのように嵌入《かんにゅう》してみたいと思う気持、不条理を戦闘的に不条理と思える心、巨大な仮説が日常茶飯にうかんでくる知的なダイナミズム、そして珍妙な人物が目の前にきたとき、すぐさま童話の世界にその人物を組み入れてしまう無制限な自由、さらには悪に対し、たとえ古箒《ふるぼうき》の柄《え》でも持って戦いにゆくけなげさ、リアクションに対する無配慮さとりりしさ。……ざっといえば少年とはそうしたものである。一つ忘れた。物事に無心に凝《こ》る心である。

ともかくも、少年であることの量を多くもっているひとこそ学問をすればいい。その量が涸《か》れてくれば管理職になればいい。

山村さんの奇妙さは、年少にして管理職になってしまったことである。

管理職であることは、少年が士官の制服を着たときからだった。

このひとが、いまなおその当時の話をして、ときに大酔し、しばしば間のびした「海ゆかば」をうたうのだが、うたっているときに、多くの顔が去来している。人間のりりしさと精神の気高さだけを成分にしてできあがっているような顔たちである。そのほとんどが戦死者たちである。

酔いの底の中から、そのりりしさ達が、起きあがってきて、この管理職を憫笑《びんしょう》し、鼓《こ》舞《ぶ》し、汝《なんじ》の少年をうしなうなと肩をたたきつづけるらしい。

医学部の経験論的な性格に飽き足りなかったこのひとは、理学部で、赤堀四郎先生に就《つ》き、科学というものを身につけた。わずかな実験をするときでも、この人の少年は大きく感動した。

「医学部出身者は、誤差に鷹揚《おうよう》すぎる」

という意味のことを赤堀先生からいわれただけでも、大げさにいえば、科学のすべてを感じてしまうような知的感受性をもっていた。

免疫《めんえき》化学の体系を確立したあと、さらに遺伝子の世界に入ろうとするとき、大学はこの人を臨床の教授にした。さらに学部長にし、総長にまでしてしまった。

その間、少年がもつ他の少年への畏敬《いけい》の心と、不条理なものへの憤《いきどお》りと、さらには厳父や慈母からひきついだ可憐《かれん》なものへの愛をもって、多様な局面で管理や人事を成功させた。私どもが、真の少年を見たくなったときは、山村雄一先生に会いにゆけばよい。

〔『山村雄一先生とその人脈』同編集委員会、一九八七年八月〕

〈水上勉　作家　1919〜2004〉

印象点々（『水上勉《みずかみつとむ》全集』）

私は日本の世間で暮らしている以上、鵜《う》の世界かなんぞのように、年上の人には畏《かしこま》らねばならぬと心掛けている。水上さんは、四歳の兄である。しかし会った最初からつい爾《じ》汝《じょ》のことばで喋《しゃべ》ってしまったのは、この人のほうでとっさに相手の一《ひと》拍子を外してしまう心のリズムがあるせいかと思われる。

私は自分がその器量でないために、禅というものを信じない。昭和三十四、五年ごろ、すでに知名の作家だったこの人と新宿の飲み屋で偶然出会い、その二階の粗末な畳敷の部屋で、ただやみくもに酔っている一座の中にまじって意味もなく歌ったり手を搏《う》ったりした。そのうち水上さんが腰をかがめて安来節《やすきぶし》を踊りだしたとき、その巧《うま》さにぼう然とした。絶妙としか言いようがないのだが、ひどく暗く、なにか蒸れるようなにおいがあった。僧房の片すみで、牢名主《ろうなぬし》のような兄弟子たちに命ぜられてその憂《う》さを慰めるために芸をする。この陽気な安来節にさえ、緑青《ろくしょう》のように古い悲しみがこびりついているように思われ、このことが、のち『雁《がん》の寺』を読んだときの読後感をより深いものにした。杉戸に描かれた絵が、風雨と歳月のために岩絵具がいかに剝《は》がれ落ちようとも、実材（岩絵具・杉戸）の重みと絵師の心がかえってありありと顕《あら》われることがあるように、このときの感動は一種凄味《すごみ》をともなった。

水上さんと私は、昵懇《じっこん》の仲というわけにいかない。私は東京へ行くことがまれで、この人は東京を不在にして旅に出ていることが多いからである。

昭和三十年代の終りころ、文藝春秋の講演旅行で舞鶴《まいづる》や宮津《みやづ》に行った。夜、酒になると、おかしかった。私が知っているかぎりの作家は結局は似たふうな書生酒なのだが、この人は戦前の大店《おおだな》のあるじか、あるいは明治・大正の作家のように、すりきれ帯を締めても旦《だん》那《な》酒といったふうの風趣があり、作品以前のなまみの段階ですでに今様ではなかった。いわば置き換えのできぬ牢固とした個我があり、この個我が作品を生んでいるというあたり前のことを、この人の場合、尋常《つね》ならぬ思いで感じさせられてしまう。ふつう酒の座を共にしていても作品のにおいを感じさせない人が多いのだが、鏡花とか浩二——この人は酒をのまないにせよ——とかといった時代の人は、おそらくそうではなかったに違いない。

このあたり、水上さんという作家は、厄介なひとなのである。

私どもは、合成板に写真印刷で木目を出した建築の中に出入りしている。目でみれば杉、檜《ひのき》あるいは松材なのだが、目をつぶって掌でふれると死物もしくは作りものであることが、自分という生物としての触覚でわかるし、それを許せないような拒絶反応もある。ただ、そういう文明の中に日常をあずけているために、多くの人々が拒絶反応の感覚を鈍化させられている。が、この人は生物として激しく悲鳴をあげてしまう。

生きているということは、粘膜もしくは粘液があるということである。板にもあり、野の草にもあり、動物にも――むろんそのうちの一つの仲間にすぎぬ人間にも――当然ある。その粘膜が恋しいから小説を書き、小説を読み、自然の中に旅をし、夕暮れになると町をみつけて泊まるのだという、どうにもならぬほどの生きることへの愛着――極《きわ》まってしまえば悲しみ――に転化するような歯のきしみのようなものが、水上さんのなまみのたたずまいにもあり、それ以上にその作品にある。

この人と座を共にしていると、当方がそれを感じて早く立って消えてやりたいような気持が、たえずどこかでうずいてしまう。

酒の座というのは、本来、他愛のないものである。

おなじ他愛のなさでも、生物どもがほのかに粘液を蒸発させながら芸として嗅《か》ぎあう場としてあるのが日本の四畳半の酒で、このことはどの国の文化にもないほどになにかに昇華しているように思われる。

ところが、私ども書生酒にはそれがない。右のことが文化だとすれば、私にはそれを共有する精神も素養もない。それが文化でないにしても、この人にはある。

気の毒のようなものだが、この人には自分と質感の違った人間とこの世で過ごさねばならぬ業《ごう》があるらしく、かれと共にしたどの場面を想《おも》い出しても、一つの表情がある。陽気にふるまいながら秘《ひそ》かに歯痛をこらえているような気配《けはい》で、これを孤独といっても合成剤のような言葉になる。

一九七五年の夏、この人と二十一日間、中国旅行をしたが、語るべき挿話はない。私はこの人に対してはつねに印象だけで、挿話を生む関係には至らない。印象といえば書生どもにまじってめずらしく書生としてふるまったようで、そのために目の血管が切れるまでにこの人は疲れた。独りだけの文化を持った者の不運というものかと私《ひそ》かに思った。

〔『水上勉全集 第二十五巻』月報、中央公論社、一九七八年三月〕

〈山田信夫　東洋史学者　1920〜1987〉

山田さんとアーサー・ウェイリー（『人と人 山田信夫先生追悼文集』）

黒っぽいスーツのよく似合う痩身《そうしん》の山田さんをみると、いつも大英博物館の研究室にいるこの人を思いうかべてしまう。むろん、その場所と山田さんは、じかにつながりはない。

ただ、この人は半生、十世紀前後のウイグル人とつきあってきて、現実のかれらに会いたい気配もみせなかった。このあたり、「源氏物語」の名翻訳をのこしつつ、頑固に現実の日本に来ることをしなかったアーサー・ウェイリーに似ていた。右の連想は、ウェイリー博士が、大英博物館を自分の砦《とりで》のようにして生涯をおえたというイメージから喚起されるのかもしれない。

多くのウイグル人は、いまは中国籍になっている。地上におそらく四、五百万人しかいないと思われるが、十世紀前後には、世界史という色彩世界のなかで、多色を混ぜて異様な光彩を放ったひとびとだった。

その言語は、元来、日本語とおなじウラル・アルタイ語族に属する古代トルコ語で、容《よう》貌《ぼう》も私どもとかわらなかったはずである。

はじめモンゴル高原に出現して遊牧国家をつくり、のちトルキスタンに移動した。中国人から回紇《かいこつ》とか回鶻《かいこつ》などと表記されたが、かれらは中国文明に関心がうすく、漢字からの影響もほとんどうけなかった。

十世紀ごろ、天山山脈のまわりの草原に勢力を築き、さらにタリム盆地のオアシス国家群をおさえ、信じがたいことに農耕化してしまった。遊牧民族が農耕による定着化を遂げるなど、稀有《けう》な歴史的展開といえる。

かれらにとって、先住のアーリア系のオアシス農民のくらしと文化が、よほど魅力的だったにちがいなく、さかんに混血し、容貌《ようぼう》もアーリア的になった。

同時に、多様な合金のような文化もつくった。ネストリウス派のキリスト教、マニ教、西域《せいいき》仏教、高昌《こうしょう》にあった辺境の漢文化などを受容したのは壮観というべきで、山田さんを惹《ひ》きつけたのは、もはや二度ともどらぬそういう文化だったのだろう。

さらには、当時のウイグル人は、ソグド文字をもとにしてウイグル文字をつくり、大いに記録文化（九世紀から十四世紀）をのこした。

この記録文化を解明することが山田さんの半生の主題であったし、すぐれた功績でもあった。

私は十数年前はじめて新疆《しんきょう》ウイグル自治区に行ったとき、イリだったかの博物館で密封文書を見た。それも、封印のままだった。「日本の山田信夫先生を、おまねきすればどうですか」と、係のひとにいってみたが、その人は無表情のまま、いずれ中国の手で解読します、といった。おそらくいまも封印されたままなのではないか。

帰国して、山田さんに、現実のウイグル人世界をご覧になったらいかがでしょう、と水をむけてみたが、否《いな》とはいわれぬものの微笑されたままだった。私はもう一度その地に行き、帰国した時、山田さんに、その地の人と自然と暮らしについて話した。山田さんは、だまって聴いておられるだけだった。

じつは、この人によって、右の歴史時代のウイグルの民事訴訟の文書が解明されているのである。それによって当時の契約の文化や民情も、舞台で劇をみるようにあきらかになってもいる。山田さんは、その世界のすばらしい観客であり、登場人物でさえあった。学問というものは、そういうものなのだろう。

なまじウイグル世界にゆくことは、かえって興《きょう》を殺《そ》いでしまう。このあたりも、この碩《せき》学《がく》は、自分の中の源氏物語世界がこわれることをおそれて日本にゆくことをしなかったアーサー・ウェイリーと似ているのである。

〔『人と人　山田信夫先生追悼文集』山田信夫教授追悼記念事業会、一九八九年四月〕

〈梅棹忠夫　民族学者・文化人類学者　1920〜2010〉

大きな幸福（『梅棹忠夫《うめさおただお》著作集』）

梅棹忠夫の思考力が精妙な密度を構成しつつひろがってゆくとき、他分野との際限というものは消滅してゆく。ついにその視野は地球をおおうのだが、もともとは動物学の学究だった。

昭和十年代の若い時期、内モンゴルの野外で遊牧研究をしたとき、梅棹学は、第一次のひろがりを遂げた。

その地では、ひとびとは遊牧をしている。動物の生態の中に入り、寄生しているのである。遊牧というのは、その合理主義的技術を身につけることで、たれでもそれに参加できる。〝たれでも〟という意味において、遊牧は普遍的であり、堂々たる文明であると梅棹は考える。

農業であれ遊牧であれ、そこに領域がある以上、確執や盛衰を生む。それが、歴史になる。梅棹は、遊牧だけでなく、それと隣りあわせの狩猟世界にも目をむけ、それらの生態だけでなく、歴史を見、また象徴としての人物群にも考察を加えた。たとえば清《しん》朝の草創期、狩猟民族の汗《かん》だったホンタイジという地味な名前についてさえ、かれがその人物に肉体を帯びさせて語るのをきいて驚いたことがある。

ともかくも、ひとびとのくらしを生物学的にとらえつつ、同時に梅棹以外が感じようのない荘厳《そうごん》さ（人文主義という概念もこの前では小さい）をそこに加えるのである。その荘厳の感覚こそ梅棹の思惟《しい》の粒子をじつにこまかくしてゆく微妙な酵素作用をもつものであるらしい。

人は、文明だけでなく、文化をもつ。文化というものの晦渋《かいじゅう》さや奇怪さ、あるいは陶酔性への理解と愛こそ、梅棹という大きな脳が、右の第二期の展開以後、思考の栄養物としてきたものである。

梅棹は、学問と思想のあいだを時々刻々に往復してきた。このような思想家を、私どもが生きている時代に得たというのは、大きな幸福の一つである。

〔『梅棹忠夫著作集　全22巻別巻1』パンフレット、中央公論社、一九八九年九月〕

〈加藤九祚　人類学者・アジア考古学者　1922〜2016〉

加藤九祚《きゅうぞう》さんの学問と人間（加藤九祚著『シベリア記』）

文化人類学というのは、学才以外に徳がなければできない学問だと思っている。徳というのは儒教の五常の総称のようなものだが、仏教の慈悲、キリスト教の愛のようなものだといってもいい。

人間はいろんな性格や価値観を持ち寄って社会を構成している。そういう人間のうわべでもって研究者自身の好悪《こうお》や正邪をきめるのがこの学問ではあるまい。人間どもはそれぞれ生命という厄介なものをかかえている。それらの生命を、集団としての暮らしという体系のなかで守りあってゆくのが、文化であるとされる。文化人類学は、それらの生態、形態、伝統、あるいは意味あいを探究する。

探究には、上からの、あるいは先進文化に属する者の水位から発した詮索《せんさく》という態度もありうる。

しかし、日本にあっては、すこしちがうように思える。柳田、折口の時代にはさほど鮮明ではなかったが、とくに今西錦司《きんじ》博士が主唱した場でできあがった探究のふんいきというのは、対象に対しおなじ厄介ないのちを持った人間として、互いに生物レベルでいたわりあうという接触態度が基礎になっている。徳や、慈悲もしくは愛のない研究者は、他の科学とはちがい、この分野には参加しがたいように思われる。

　そういう意味で、まことにふしぎな学問ができあがったものだと思うが、加藤九祚という研究者は、天性、この学問を耕すことに素質をもって生れついておられるということに、私などしばしば目を見はらされる思いがしている。

　以前、民俗学者ネフスキーの研究で「大佛《おさらぎ》次郎賞」をもらわれたとき、そのお祝いの会が大阪の堂島の朝日新聞の会館でおこなわれた。石毛直道《なおみち》氏や松原正毅氏といった加藤さんとおなじ研究仲間の方々がおられたが、そうではなさそうな、町のおじさんといった感じの人たちが半数ほどもいて、加藤さんをとりかこんでいた。やがてそれらの人達の代表がスピーチをされたからわかったことだが、シベリアの抑留仲間だった。

　私も、兵隊のある時期が、旧満州であった。ソ連が参戦する寸前に連隊ごとその地を離れて日本の関東地方に帰ってきたため、私は戦死もせず抑留されることもなくて済んだ。しかし、そういう運命になった知人が多いために、ひとごとならぬ傷《いた》みを感じつづけている。

　シベリア抑留とは言葉はきれいだが、実態は古代の戦時奴隷《どれい》そのもので、それよりもあるいはひどかったかもしれない。当時の日本国は、敗戦の結果による連合軍の占領下におかれた非独立国だったために、これに対して国家としての抗議はしなかった。まことに痛ましいことながら、棄民だったといっていい。

　ああいうなかでの精神や感情の生活は、それを経験した者でないとわからないといわれているが、むろん、軍隊当時の階級などは通用せず、そういう秩序が崩壊したあと、素朴な暴力をもった者が仲間の奴隷を支配したり、ソ連側の権力の末端に密着した者が、準ソ連人のようなかたちで君臨したりしたといわれる。さらには内部抗争、暴発、暴発未遂などといったことが、どの収容所にもあった。

　スピーチに立ったその人の言葉を、来会者の肩ごしに聴いていると、

「そのつど、加藤さん——加藤さんは私どもの隊長さんでした——が、われわれに、ね、帰りましょう、一人残らず元気でくにに帰りましょう、それが唯一《ゆいいつ》の目的じゃありませんか、と繰りかえし優しくさとされた。加藤さんのそういう愛情がなかったら、われわれはどうなっていたかわからない」

という旨《むね》の言葉が、耳に入った。語っている人が、そのときの加藤さんの口真似《まね》をされるのだが、それをきいていて鮮やかな驚きをおぼえたのは、

（九祚さんはそのころからそうだったのか）

ということであり、

（この人には、擬態もなにもなく、そういう境涯の中でもいまのようにして生きておられたのか）

ということであった。

九祚さんは、抑留中に田舎のロシア語を勉強された。北アジアの研究者としてソ連でひとに接触されるとき、この田舎発音がなんともいえずむこうの人に親しまれるというが、言葉もさることながら、世界中のどの文化に属する人がみても、九祚さんの人柄というのはわかってしまうのである。その人柄の持主が、日本でいえばダンベイ言葉のロシア語で話すというのは、先方にとってたまらない魅力であるにちがいない。私がロシア人ならそういう感じがわかるのにと思うと、なにやら口惜しいような思いがするほどである。

この稿の結論は、すでに冒頭でのべてしまっている。

この人が、その専門分野である北アジアの少数民族の人や文化に接しつつ、この人の学問の方法の中に融《と》けこんだ人間というものがどれほどの働きをしているかということは、

論文のかたちになったときは除去されてしまってわからない。そのことは、このような学問以外の文章によって知るよりほかなく、われわれはそういう意味からこの本を得難いものに思うのである。

〔加藤九祚著『シベリア記』序文、潮出版社、一九八〇年三月〕

〈ドナルド・キーン　日本文学研究者・文芸評論家　1922〜2019〉

懐《なつか》しさ（『世界のなかの日本』）

懐しいという日本語は、古代からある。

キーンさんの日本語学の分野でいえば、十一世紀の『源氏物語』のころは、過去を回想する姿勢は入っておらず、たんに心がひかれ離れたくない、という意味だったようだが、中世以後は、こんにちの意味になった。

「日本とあればなつかしし」

というのは、キーンさんが青春のころ英訳に熱中した近松《ちかまつ》の浄瑠璃《じょうるり》「国性爺《こくせんや》合戦《かっせん》」のセリフのひとつで、すでにこんにちの意味になっている。

キーンさんという人は、対座している最中において、こんにちの意味において懐しい。このようなふしぎな思いを持たせる人は、ほかに思いあたらない。

それほど、この人の魂の質量は重い。

そのくせ、ひとと対《むか》いあっているときは軽快で、この人の礼譲感覚がそうさせるのか、他者に重さを感じさせない。

　精神の温度が高いのか、たえず知的な泡立ちがある。一つの事柄を考えるとき、とっさに脳中に肯定と否定の矛盾がおこるらしく、沸《わ》きあがった矛盾の気泡が、すぐさまユーモアでもって弾《はじ》ける。その破裂音がこころよいのは、きっと陽気に〝弁証法〟が完結するからにちがいない。いい芸術に接しているようなものである。

　そのあたりも、キーンさんへの懐しさの一つである。

　いい芸術といえば、文学研究者としては当然なことだが、この人は何国語であれ、上質な言語表現に魅《ひ》かれる。できればその言語表現が、多重に意味を美しく塗り重ねていることが望ましく、さらには文章の言語としての音が美しければ一層よい。

　その言語が、紙に書かれていてもよく、舞台の上で演じられていてもいい（キーンさんは、演劇鑑賞者としては、第一級の人である）。

　というより、この人の研究は、若いころから、文字による芸術と、音声による芸術のあいだを、均等に往復することで成り立っている。

　この本の座談のなかでも、キーンさんは近松の「冥途《めいど》の飛脚《ひきゃく》」の例をあげて、人間臭さについて語っている。短気者《たんきもの》の忠兵衛が三〇〇両の封印を切るというような粗漏《そろう》なことをする。死につながる行為なのだが、状況によっては自分もやりかねないと観客が感ずる人間臭さが、時間や空間を超えて、人の心を波立たせるという。

話が、近松からシェイクスピアの『ジュリアス・シーザー』に自然につながってゆく。シーザーが、アントーニアスをよびつけて、おれのそばにいるのはふとった男だけにしてほしい、とはげしく要求する。痩《や》せて、本ばかり読んでいるやつはいやだ、ともいう。そのあと――以下が人間臭さだが――シーザーは、アントーニアスにむかい、「右側にきてくれ、こっちの耳は聞こえないのだ」（小田島雄志訳）という。

シェイクスピアがこのセリフを入れたために、舞台の上のシーザーが生きてくるというのである。

キーンさんは、若いころ、世阿弥《ぜあみ》の謡曲「松風《まつかぜ》」を読んだ。『日本文学のなかへ』（文藝春秋）によると、「『松風』を文学として最高のものと信じている」と言い、さらに「こんなことを書けば奇異に感じる人もいるだろうが」として、

私は日本の詩歌《しいか》で最高のものは、和歌でもなく、連歌、俳句、新体詩でもなく、謡曲だと思っている。謡曲は、日本語の機能を存分に発揮した詩である。そして謡曲二百何十番の中で、「松風」はもっとも優れている。私はよむたびに感激する。

私ひとりがそう思うのではない。コロンビア大学で教え始めてから少なくとも七回か

八回、学生とともに「松風」を読んだが、感激しない学生は、いままでに一人もいない。異口同音に「日本語を習っておいて、よかった」と言う。実際、どんなに上手に翻訳しても、「松風」のよさを十分に伝えることは、おそらく不可能であろう。

月はひとつ、影はふたつ、満つ潮《しほ》の、夜の車に月を載《の》せて、
憂《う》しとも思はぬ、潮路《しほぢ》かなや。

……音のひびきが、なんとも言えないのである。在原行平《ありわらのゆきひら》を慕う海女《あま》の恋は、あわれと言うもおろかなり。完璧《かんぺき》な文学作品があるとすれば「松風」こそそれだ、と私は思っている。

文学を読むというのは、精神のもっとも深い場所での体験である。日本語世界で、「松風」をこのようにして体験した人が幾人いるだろうか。

後年、キーンさんは、能としての「松風」をはじめて観《み》た。昭和二十八年、大阪の五流能でのことで、おなじ日に観た喜多六平太《きたろっぺいた》の「鷺《さぎ》」は絶品だとおもったが、かんじんの「松風」には、この人は失望した。キーンさんはこのことについて、「松風」のシテに予定

されていた野口兼資《かねすけ》の急逝《きゅうせい》によるなどという理由をあげているが、じつは読みこむことによってすでにできあがっていたキーンさんのイメージのほうが、現実の能舞台よりも華麗で幽玄だったにちがいない。もっともそのイメージのなかでの音楽は、小鼓《こづつみ》、大鼓《おおかわ》、笛ではなく、ドビュッシーのような音楽だったそうだが。

キーンさんの言語についての芸術感覚は、以上のような多様な場とイメージの重層のなかでできあがっている。

むろん、この人の世界は文学の研究にとどまらない。江戸後期の数学者で経世家《けいせいか》でもあり、幕藩体制を超えた思想家でもあった本多利明《ほんだとしあき》の研究者でもあり、さらには江戸期の儒学、江戸期の国学、あるいは日本仏教、さらには蘭学《らんがく》など、果ては太平洋戦争における兵士の手紙・日記の文章など、日本におけるあらゆる事情についてするどい洞察を怠《おこた》っていない。

この対談のなかの平田篤胤《あつたね》における天之御中主神《あめのみなかぬしのかみ》の指摘にいたっては、切り裂くような能管《のうかん》の音《ね》をきく思いがした。

『古事記』の神々とまでつきあっていそうなキーンさんそのひとは、すでに生きた伝説のなかにいる。江戸期の儒者の用語をつかえば、古《いにしえ》として私の前にいるとともに、おなじく江戸期の儒者の好んだことばをつかえば、「自《みずか》ら古を為《な》」した人でもある。

そんな人と話していて、ご当人の肉声を聴きつつも、一方において遠い須磨《すま》の浦の松《しょう》籟《らい》を聴いてしまうのは無理もないことなのである。「松風」のなかの姉妹のなげきをも聴き重ねつつ、会っていながら、その場ですでに懐しさをおぼえてしまうという私の気持が、この本を読んだ読者には十分わかってもらえるような気がする。

〔司馬・キーン共著『世界のなかの日本』あとがき、中央公論社、一九九二年四月〕

若いころの池波さん

〈池波正太郎　作家　1923〜1990〉

池波正太郎さんは、ごく自然な意味での隠喩《いんゆ》がうまかった。

あるとき、池波母堂が上方《かみがた》料理の薄味について感想を洩《も》らされたそうである。

「なんだか、白《しら》っぱくれてるね」

私は、池波さんからその表現をきいて大笑いした。

解説してしまうとせっかくの興《きょう》を殺《そ》ぐが、言葉が意味重《がさ》ねになっている。わるいやつが、お白洲《しらす》にひきだされても、白《しら》を切っている。悪党の赤っ面《つら》が白化《しらば》くれているのと、たべものの味の薄さとが唐突に鉢あわせして目から火が出そうである。

池波さんは、話のなかに人間描写をくわえる。母堂の話をされていたとき、ひょいと加えられたのが右の挿話で、むろん東西の物の味を論じているのではなく、人柄のはなしなのである。

おかげで、いかにも率直で正直で、つねづね切れのみじかいことばづかいをする母堂の小気味いい人柄をおもいうかべることができた。

私どもは、同年（一九二三年うまれ）である。震災のとしで、池波さんが一月、私は八月うまれだった。

当時、東京と大阪とでは、巷《ちまた》の風物やらなにやらが、だいぶちがっていた。

私のこどものころ、大阪では駄菓子屋に一銭洋食というものがあり、それが発展してお好み焼になった。

当時の東京に、一銭洋食に似たものとしてドンドン焼があり、私は少年雑誌で知るだけでどんなものかはわからず、なが年気になっていた。

「やってみましょう」

と、池波さんは拙宅の台所に立つと、機敏に手をうごかし、二十分ほどでつくりあげて、食べさせてくれた。

一銭洋食の味とはだいぶちがっていた。どちらも鉄板の上に水で溶いた小麦粉を流してうすくひろげる。その上にサクラエビやキャベツなどの具をのせ、半ば焼いたあと、小麦粉汁をかけて裏返してまた焼くというやり方は、双方、似ている。しかし味がちがうのは、ひょっとすると池波さんの我流じゃありませんか？

「正真正銘です」

池波さんのことばは、みじかい。

この人は少年のころ、ドンドン焼の屋台がやってくると、買い食いしただけでなく、おもしろがっておじさんの手伝いまでした。

小麦粉を練ったり、鉄板のうえで薄延べしたり、ついには代役をつとめるほどののめりこみようだったという。

有頂天のあまり、大きくなればおじさんみたいにドンドン焼屋になるんだ、といった。

おじさんは、「よせよ」と大声を出して、

「こんな商売はいろんなことにしくじったあげくのやつがなるんだ。はなっからドンドン焼を志《こころざ》すやつがあるか」

と、説諭した。

だから、本職がつくったのとおなじです、といった。こんな挿話にも、多能で屈託のない少年がうごきまわっているのである。市中《いちなか》の物のにおいまでした。

池波さんとの頻繁な接触は、たがいにひまだった三十代の後半までのことで、その後、自然にゆきさきが疎《そ》になった。その疎遠になったことさえ、池波さんとの場合、いい感じがしている。

三十代後半の池波さんは筋肉質のいい体をもっていて、機敏だった。

いつも独り旅をしていて、京大阪や高野山などにくると、西区西長堀の十一階だての公団アパートの十階の拙宅をのぞいてくれた。

「高野山はいかがでした」

「ケーブルに乗りましたよ」

ケーブル・カーのなかに、ふざけて乗客にからんだりしていた男がいて、あっというまにその男の胸ぐらをつかみ、浮きあがらせてガラス扉に押しつけてしまった。

作中の人物とちがうのは、胸ぐらをつかんでもせりふがなく、悪態もつかなかったことである。相手はこまったにちがいない。

私どもは、兵隊にとられた世代である。

戦争がおわり、復員してきてしばらくのあいだ都庁につとめて税金のことをやっていたらしい。

あるとき、税金のことで練りテンプラ屋さんにゆくと、揚げた練りテンプラが大きなざるいっぱいにならべてあった。そのざる越しに池波さんが職務上のことをなにかいうと、テンプラ屋がふりかえって、

「たれのおかげなんだ、てめえなんぞがめしを食っているのは――」

といったとき、池波さんはとっさには自分でもなにをやったのかわからず、気づいたときにはざるいっぱいのテンプラをゆかにぶちまけてしまっていた。あとで役所にデモがくるやら、池波を出せ、というプラカードが立つやらで、都庁に居づらくなり、やめてしまった。この話をきいたころ、池波さんは、恩田木工《おんだもく》という江戸期の信州松代《まつしろ》藩の名家老のことを書いていたりして、ご自分の性分に似たような人を書いていなかった。おそらくこんな気性は小説にはならないとおもっていたのにちがいない。

私の記憶のなかの池波さんは、さきにのべたように、この人の四十歳前後までのことばかりなのである。

和服は用いていなかった。服装はいつも茶色っぽい開襟《かいきん》シャツに地味なセビロで、およそめだたず、あごが頑丈そうで、笑えば金属の義歯が一つ二つ光った。顔が、叩《たた》いてつくったようにしっかりした筋肉でできていて若々しかった。いまの若い人にあんな感じの顔をみたことがない。

いつも草をわけるようにして田舎を歩いていたが、気分としては東京がすきで、東京だけでなく、町育ちの者がすきだった。というより、町育ちの者がもっている遠慮とか気づかいとかといった気分がすきなようだった。

後年、映画評論家の淀川長治《よどがわながはる》さんが大好きになったのも、たがいに映画ずきということがあったにせよ、淀川さんが神戸育ちらしい町の子という人柄をもっているせいだったにちがいない。

私は淀川さんには会ったことがないが、文章をよんだり、話をきいていたりすると、池波さんの感じとついかさなってしまう。双方無害な意味で好き嫌いがつよく、好き嫌いが、倫理的な体系にまでなっているような感じが、いかにも町がつくった人柄のようにおもえるのである。

池波さんのよさは、たれしも多少はある自己陶酔症《ナルシシズム》という臭い気体のふたをねじいっぱいに閉めていて、気《け》もなかったことである。江戸っ子ぶるなどは、およそこの人にはなかった。

あるとき、四国へゆき、大阪にもどってきたとき、愉快な人に会いましたよ、と数分喋《しゃべ》った。話がみじかくて、たとえば焼け火箸《ひばし》を水に突っこんで音がたつほどのあいだにヤマ場が済んでしまう。人物評やら論評やらはなく、演劇的情景だけを話す。白っぽくれる、と同様、「鄙稀《ひなまれ》」というのが、いわば題である。

私が受けうりすると、つい解説のほうがながくなるのだが、要するに旅先で出会ったのはＮＨＫの地方局の人で、江戸っ子が自慢のひとであった。田舎がうとましく、多少は配所の月を感じていて、当時の池波さんの風韻《ふういん》をみるなり、自分のなかの故郷が過剰に出てしまったらしく、東京のはなしをしきりにした。年はすこし上だったようで、ともかくもその地方を案内し、峠の茶店のようなところで、親子丼を注文した。その人は一箸口に入れるなり、「おっ」と笑顔をあげ、

「ひなまれでげす」

といったというのである。

話は、それだけだった。

ここでまた国語辞典的な解説を加えねばならないが、「田舎《ひな》にはまれな美人」という慣用句があって、それをつづめて、田舎で美人をみると、〝ひなまれ〟などといったりした。おそらく明治期の生半可《なまはんか》な東京書生のあいだではやったらしく、古い小説などに、ときに出てくる。

この話の昭和三十年代ごろでは、むろん死語になっている。

げすは、ですのことで、江戸末期から明治にかけて、芸人や通人、職人のあいだで用いられたりした。漱石《そうせき》の『坊っちゃん』にも出てくる。「画学《ががく》の教師は全く芸人風だ」とい

うあたりである。

この図画教師が〝坊っちゃん〟と初対面のとき、「扇子《せんす》をぱちつかせて、御国はどちらでげす、え？　東京？　夫《そ》りゃ嬉《うれ》しい、御仲間《おなかま》が出来て……私もこれで江戸っ子です」という人物で、〝坊っちゃん〟が、のだいこというあだなをつけた。

たかが親子丼に〝ひなまれでげす〟というような明治風の〝江戸っ子〟を、昭和三十六、七年ごろ、四国でみつけたことを池波さんはおかしがったのである。むろん、この人は江戸っ子自慢がきらいなのだが、そういうことをことさらにいわずとも、この寸景のなかに池波正太郎のすべてが出ている。

池波さんと私は縁がふかくて、おなじ年（昭和三十五年――私は三十四年の下期だが、授賞式は翌年だった――）に、直木賞をもらった。

受賞したときはすでに芝居を書くほうでは練達の人だったが、初対面の印象は江戸の錺《かざり》職人のようにさりげなくて、みごとなたたずまいだった。

人前に出ることはきらいで、そういう場合は、終始落ちつかなかった。

そのころ、文壇海軍の会というのがあった。

私は陸軍だから、陸軍にとられた他の人と同様、その時代を懐《なつ》しまない。むろん文壇陸軍の会などはない。

その点、海軍には一種の文明のようなものがあったようで、往時を懐しむひとが多かった。顔を出すのはたいてい予備学生出身の元士官の人で、まれに池島信平さんや十返《とがえり》肇《はじめ》さんのように、社会人でもって水兵にとられてしまったような人もいた。

当然だが、下士官出身者はいなかった。

下士官は軍隊の職人頭《がしら》のようなものだから、学生や社会人からとられた素人《しろうと》出身がなれるものではない。

ところが、池波さんは海軍の何等兵曹だったか、ともかくも下士官で、終戦の前は山陰海岸にいたそうである。ああいう会合には出ないんですか、と答えがわかりきっているものの、そうきいてみると、

「いやー」

と、手を横に振ったきり、別の話をした。

私の記憶や知識のなかでは、江戸っ子という精神的類型は、自分自身できまりをつくってそのなかで窮屈そうに生きている人柄のように思えている。

池波さんも、そうだった。暮の三十一日の日にはたれそれの家に行って近況をうかがい、

正月二日にはなにがしの墓に詣《もう》で、そのあとどこそこまで足をのばして飯を食うといったふうで、見えない手製の鳥籠《とりかご》のような中に住んでいた。いわば、倫理体系の代用のようなものといっていい。

この場合、こまるのは、巷《ちまた》の様子が変ることである。夏の盛りの何日という日にゆく店が、ゆくとなくなっていたり、まわりの景色がかわっていたりすると、たとえば蛙《かえる》の卵をつつんでいる被膜がとれてしまうように当惑する。

「いやですねえ」

池波さんは、心が赤剝《あかむ》けにされてゆくような悲鳴をあげていた。

なにしろ当時、東京オリンピック（昭和三十九年）の準備がすすめられていて、都内は高速道路網の工事やらなにやらで、掘りかえされていた。東京は、べつな都市として変りつつあったのである。

池波さんは、適応性にとぼしい小動物のように自分から消えてしまいたいとおもっている様子で、以下は重要なことだが、この人はそのころから変らざる町としての江戸を書きはじめたのである。

それはちょうど、ジョルジュ・シムノンが「メグレ警視」でパリを描きつづけたようにして、この人の江戸を書きはじめた。この展開がはじまるのは、昭和四十二年開始の『鬼《おに》平《へい》犯科帳』からである。

メグレが吐息をつく街路や、佐伯祐三《さえきゆうぞう》が描きつづけたパリの壁のように、池波さんは江戸の街路や、裏通りや屋敷町、あるいは、〝小体《こてい》な〟料理屋などをすこしずつ再建設しはじめただけでなく、小悪党やらはみだし者といった、都市になくてはならない市民を精力的に創《つく》りはじめた。昭和四十七年からは、『剣客《けんかく》商売』『仕掛人・藤枝梅安《ばいあん》』などがはじまる。

かれらは池波さんが創った不変の文明のなかの市民たちなのだが、たれよりもさきに住んだのは池波さん自身だった。

「京大阪にうつりたい」

とまでいっていたこともあったが、このおかげで東京の変容をなげいたりする必要がなくなった。

このため、池波さんは大阪へ来なくなったが、べつに遠くなったわけでなく、私もまた『鬼平犯科帳』以後の池波作品の住人になった。いずれも不朽のものである。

晩年の池波さんの町への興味が、パリに移った。

当然なことで、東京も京大阪も、この町好きな人にとって違ってしまった以上、町らしい町といえば、パリへゆくしかなかったにちがいない。

　パリは不変を志す町だから、その通りを歩いて、右へまがって左をみれば、かならずなじみの店がある。すると、その店の角をも一つ右にまがりさえすればドンドン焼の屋台が出ていて、うちわを持って火をおこしている甲斐々々《かいがい》しい正ちゃんに出くわさないともかぎらないのである。

〔「小説新潮」一九九〇年六月号〕

わが愛する大阪野郎たち

〈石浜恒夫　作家・作詞家　1923〜2004〉

昭和二十年九月、復員してきた大阪で動いているものといえば、国電と焼けこげの市電しかなかった。

生家のある浪速《なにわ》区西神田町にもどってみると、その町は電柱さえなく、見わたすかぎりの焼け野原のなかに、私の出た小学校のまっくろな残ガイと、遠くに湊《みなと》町の高い陸橋の骨がみえるだけで、

（こんどの戦《いく》さはえらい敗《ま》けやったな）

という実感がはじめて胸にきた。それまでの私は、にわか仕立ての陸軍将校だったし、それに、日本陸軍が最後まで虎《とら》の子のように温存していた戦車第一連隊という、装備では世界的水準の部隊にいたから、戦争というものすごさを、体で知っていなかった。ていのいい戦争退避者だったし、浦島太郎といっていい。

私は、焼けあとの辻々《つじつじ》をまわって、幼な友達の家のあとをみてまわった。このあたりは、

むかしは難波《なんば》村といわれたところで、第一次世界大戦の好況で、急に瀬戸内海沿岸地方からの移住者がふえ、場末の小市民街を形成していた土地である。大戦で興《おこ》り、大戦でほろびた町ということになる。

(みんなどこへ行ったのかな)

おそらく、瀬戸内海の里々へ逃げかえってしまったのだろう。

私は、川筋に出た。

どぶのような川だが、私の少年時代には、この川が、唯一《ゆいいつ》の遊び場所だった。

水ぎわに人がいた。私とおなじ肩章《けんしょう》のない将校服をきて、なにか懸命にひろっている。

「そこのお人」

と、私は時代小説の主人公のような、ややおどけた問いかけをした。ひょっとすると、小学校のころ、私どもの級長だったKではないか、とおもったのだ。

Kは、あまり努力をしない秀才で、その後京大の経済学部に在学中、私とおなじく学徒出陣で兵隊にとられていたはずだった。

「なんや」

ふりむいた顔は、Kにまぎれもない。その陽やけした顔がわらって、

「お前、生きてかえったんか。たれやら、死によったとゆうとったでエ」

「そこでなにをしている」

「さがしものや」

近づいてみると、Kの足もとに、奇妙な形をした流木の根っこが、十ばかりあつめられていた。人に似たかたちのものもあり、猫に似たそれもある。いまでいえば、前衛いけ花の好材料になりそうなものばかりである。

「おれ、商売するんや」

「学校へもどらへんのか」

「あんなもの、卒業せんでも大ていの字ィは読める。商売するのに大事ない」

「そら、大事ないやろ。しかし、なんの商売をする」

「木ィやな」

Kは、材木屋の子で、マルクスの資本論をよむよりも材木のマサ目を見るほうに眼がこえている。焼けて家族が離散してしまうと、にわかに蛙の子の本性が出たのだろう。もう一度大学へもどるなどは、ゆめにも考えていない様子だった。

「これ、磨く」

と木の根っこを指さした。

「みがいて？」

「売るがな」

闇成金《やみなりきん》に、床の間の置物として買わせるというのだ。形のいいものなら、当時の金で一個千円には売れるという。それをもとでにして材木屋をひらきたい、とKはたのしそうに計画をうちあけた。

「お前は、これからどうする」

「まだ考えてない」

私は、両親が母親の実家のある奈良県に疎開《そかい》していることをすでに知っていた。あとのことは、いったんそこへ戻ってから考えるつもりや、というと、

「そらあかん。世の中はうごいとる。なにをやるにしても、まだ焼けあとのうちにやらんと手遅れになるぞ」

といわれても、私にできそうな商売がなにもない。Kはひざを打って、

「そや。お前は戦車隊やな。バタバタ（オート三輪）の運転手ならできるやろ」

「やったことがないもん」

「タンクとおなじりくつや。おれの知っている今里《いまざと》の町工場で、バタバタの運転手がほしいと言うとった。いま紹介状かいたる」

Kは、名刺をくれた。

肩書きに堂々と「K銘木店」とすりこまれてあったのにはおどろいた。

その後、数ヵ月たって大阪に出てきたとき心斎橋で、石浜恒夫にあった。

石浜は、私が兵庫県加古川の戦車第十九連隊に入営したときからの戦友で、満州の四《し》平《へい》戦車学校では、おなじ戦車にのっていた。この学校は戦車隊の予備士官養成学校で卒業までの八ヵ月間、四人で一台の戦車をうけもち、自主的に整備し、その戦車で演習にでかけるしくみになっている。

石浜候補生が車長であり、私は砲手ということになっていた。

われわれの当てがわれた車はボロボロの中戦車で、エンジンをかけると、どういうわけかオコリにかかった老《ろう》虎《こ》のように全身をふるわせるクセがあり、またときどき車体全体にビリビリと電気がまわって、まるで電気ウナギのように手も触れられないようなふしぎな戦車だった。

石浜車長は、のちに「こいさんのラブコール」や「流《る》転《てん》」の歌をつくって天下にはやらせるような男だから、機械がかいもくわからず、その配下のわれわれ三人も、まさるともおとらない。この戦車は、ついに入学から卒業までうごかず、演習では、この四人の乗員は、敵の歩兵に仕たてられて徒歩で走っていた。

「お前、学校どうした」

石浜は、東大美術史科の中途で入営したから、まだ籍はのこっているはずだ。

「あんなもん、仕様あらへん」

と、Kとおなじようなことをいった。

「せやけど、学校出んと、お前とこのしょうばい、こまるやろ」

石浜の父は、大阪の町人学者で著名な石浜純太郎博士だし、従兄《いとこ》に大阪の漢学の名家の子である作家藤沢桓夫《たけお》氏もいる。Kが材木屋になるなら、この男も家業をついでしかるべきだろうとおもったのだ。

いまなにをしている、ときくと、かれはおどろくべき答えを用意していた。

「技師や」

「なんの技師や」

「機械技師やがな」

当時は、停電が多く、上等の映画館には、たいてい、キップ売場に「自家発電設備アリ」とビラがでていたものだ。

自家発電用のキカイは、ディーゼル機関だから、戦車のエンジンをうんと小型にしたものとおもえばよい。

「修繕もするのか」

「する」

国軍の戦車を一台、電気ウナギにしてしまった男のひとりが、断言するのだ。

「乱世やな」

「お前は、なにをしている」

と、石浜がきいた。

「小学校のともだちが、バタバタの運転手をやれ、言いよる」

「そらあかん。なんぼ乱世でも」

石浜は、頭から愚弄《ぐろう》した。

「あんなむずかしもの、お前にできるはずがあらへん。お前は卒業まで、とうとう戦車の動かしかたのわからなんだ、たった一人の候補生やないか」

「やれば、やれるやろ」

私は、悲壮な気持になった。木の根っこひろいや発電技師よりも、はるかにむずかしい職業につく自分に興奮をおぼえて、石浜にわかれたあと、さっそく今里の町工場に行ってみた。

「Ｋからの紹介できたのですが」

とつげると、昼酒をのんでいたらしい工場主が出てきて、

「なんの用事や」

「この名刺にくわしく書いてあります」

おやじは眼鏡をあげて、それをよんだ。黙読のくせがないらしく、ゆっくりと声を出して朗読するのである。

「右の者、貴殿かねて求められありしバタバタの運転手の希望者でございます。身もと確実、資性温厚、給料はさして高額をのぞみませぬゆえ、ご採用くださればさいわいに存じ奉《たてまつ》ります」

「ははあ」

と、工場主は、急に気の毒そうな顔つきになって、私をみた。

「Kはんは、なんぞカンちがいしたはる。わしは、かねがね、バタバタを一台、ほしいほしいと言うていたが、それを聞きまちがはったんやろ」

「なるほど。するとバタバタがないわけですか」

「そうだす。しかし、せっかく来てもろうたのに、いかにもお気の毒や。その庭さきにダイハチがあるさかい、それ曳《ひ》いて、一日一回谷町《たにまち》まで地金《じがね》を買いに行っとくなはるか」

ダイハチとは、「ダイハツ」ではない。肩引きのついた荷車のことである。

私は、なんとなく、おやじの好意をことわりかねて、その日から荷車をひいてみた。しかしひと月もひくうちに、ばかばかしくなった。飛行隊を除隊して旅客機の操縦士になるなら話のすじが通っているが、いくら戦車隊にいたからとて、荷車をひくのはあほらしいものである。

「おっさん、おれ、やめるわ」

「やめて、なにしなはる」

わが同郷人のわるいくせは、妙にたち入った親切がすきな点だ。

「新聞記者にでもなりたい」

それから十二、三年ばかりたって、私の身辺に祝いごとがあり、Kも来てくれた。Kは立ちあがって祝辞をのべ、

「かれは荷車をやめて新聞記者になったが、私は、小学校の同級生のひとりとして、かれにうまい記事がかけるとはいまでもおもっていない。あのとき荷車をやめずにいたら、いまごろ、りっぱな小口運送店主になっていたことでしょう」

木の根っこひろいのKは、そのころではすでに、大阪の長堀川筋でも著名な銘木店主になっていたのである。

私が小説をかきはじめたのは、昭和二十三年ごろ、新聞記者になってから二年目の夏だった。

そのころ、大阪から京都支局にかよっていたのだが、朝、京阪天満《てんま》の駅で「人間」という雑誌を買い、車中でひろげてみるとそこに石浜恒夫の名があった。たしか、「ぎゃんぐ・ぽうえっと」という短編小説の筆者の名であった。

読んでみると、いままで接したことのない斬新《ざんしん》な文体のなかに、触れれば発光しそうななにかが包まれていた。私は、この小説を読んではじめて、戦後がきた、という歴史を感じたほどだった。

(しかし、これがあの石浜やろか)

私は、兵隊期間中、かれとは戦車をこわす協同作業はしたが、小説のはなしは、ただの一度もしたことがなかった。かれが、機械技師になった以上に、私はおどろいた。

その後、「ジプシー大学生」などが載るにおよび、その内容から、あきらかに石浜であることがわかり、手紙を出してみた。

「そや」

という書きだしからはじまるかれの返事には、その後のさまざまのことが書かれていた。

「技師」をやめてから、かれはもう一度大学へもどり、野球部へ入った。いくら東大が弱いといっても、いまならかれを収容するほど寛容ではあるまいが、当時は、道具不足のために、野球道具の一つでも持ってくれば入部させてくれた。

「ぼく、高等学校で野球してましてん」

この経歴は、野球部の連中を狂喜させ、さっそくテストした。

石浜は、そのテストのときにボールをにぎったきりで、その後どんなポジションもあたえられなかったが、それでもかれは十分によろこんでいた。

野球部には、合宿というのがある。そこに入れば、三度のめしは保証してくれた。かれの目的は、選手になることではなく、そのめしを食うことだった。

東大を出てから、野球部時代のくせがのこっていたらしく、後楽園にやとわれて、球ひろいをしたこともあるという。

「おれは、醜業夫やぞ」

と、うれしそうに、この返事には書かれていた。大阪弁では、こういうもののいいかたを「げさくな」という。戯作なと書く。生っ粋の大阪人である石浜には、げさくの精神があり、技師になったり球拾いになったりして自分をさまざまに「げさく」させ、そういうげさくぶりを、ひとりよろこんでいたのであろう。

（しかし）

と、私は考えた。私は、いつかは小説を書きたいと思っていた。が、小学校以来、そういう素志を、ひとに明かしたことがなかった。小説をかく、などという照れくさい告白ができるふんい気は、大阪にはなかったのだ。

新聞記者になったときでさえ、私の親類の者は、冷笑した。

「あいつ、月給とりになりよった」

私の親族は、商人か百姓ばかりであり、給料とりになったのは、私が最初だった。私の親類に「あられ屋」があり、そこの従兄弟《いとこ》たちは商大か高商を出たが、たれもサラリーマンにならずに、それぞれ、あられ屋になった。そういう連中の住むふんい気のなかで、小説家になるなどの告白ができるはずがない。

しかし、石浜は、表て世間では「自家発電技師や」などと名乗りながら、かげでは、大まじめな顔で、小説をかいていた。このことは、私をひどく刺激した。自分も小説をかいてみようとこっそり考えたのは、このころのことである。

ここまで書いて、注文された「私の周囲の大阪野郎」というのは、まだ二人しか登場していないことに気がついた。

また、ひょっとすると、この「日本」の編集部は、東京にあるために、大阪という町やそこに住む者を、あるできあいの通念で考えているのかもしれない、ともおもった。それならば、私は、がめついタイワンドジョウのような男を出さねばならないであろう。しかし、三十八年大阪に住みついてきて、私はそういう、映画やテレビでやっているような大阪人を見たことがない。

だから、私は、「マンドリンひきの達助さん」や、「傭《やと》われ事務長の義《よっ》しゃん」などを登場させて、浮世じゃれた大阪人の一面を知ってもらわねばならない。

私が、もう八年も通いつづけているミナミの飲み屋に、毎晩、初老の演歌師がやってきて、

「一曲、やらせとくなはれ」

と要求する。ちゃんとセビロを着、かっぷくもあり、昼間みれば、どこにおしだしても通る実業家ふうの男である。

マンドリンをもち、ときにはギターをかかえ、夜の酒場の辻《つじ》を、南へ東へとうろうろしている。

「アンコール」

などというと、いつまで歌いつづけるかわからない。その間、ときどきトマリへにじり寄って、酒をのむ。

酔うほどに、

「なんぞ歌わしてよ」

と客のそばに来る。何軒かまわったあとなどは相当酔っているが、どの店のマダムもバーテンも、この演歌師をことわるわけにはいかない。

なぜなら、かれはちゃんと金をはらって酒をのんでいるし、女給にはふつうよりも多額なチップをおいてゆくし、第一、いくら歌わせても弾かせても、一円のかねもとらないからである。

つまり、この紳士の道楽なのである。むかし大阪の商家の旦那《だんな》が浄瑠璃《じょうるり》にこって、町内の衆に茶菓を出して聴かせたように、この紳士は、流行歌のノドを、毎夜、たかい金をはらって聴かせてあるいているのだ。

アイ・ジョージが無名のころ、いっしょにつながってバーへ出入りしていたこともあった。むろん、アイ・ジョージが歌えば有料であり、紳士が歌えば、無料である。アイ・ジョージが世に出たころ、かれはひとりトマリにすわって、酔いつぶれていた。

「こんなうれしいことがあるか。あいつ、とうとう、ものになりやがった」

なかばうらやましそうでもあり、そねんでいるようでもあった。だが、かれの歌がいかにうまかろうと、その歌で世にたつわけにはいかないのである。かれは小さいながらも、会社の社長だからだ。

「昼間は鬼」

と、かれは、ある夜、私にいった。一銭でも多く取りひき相手からむしりとるために、昼めしもろくに食うひまがない。だからこそ、

「夜はほとけや」

という。よだれをふきふき、キタやミナミの酔客たちのためにノドをきかせてあるいているのである。

「傭われ事務長の義しゃん」は、私の小学校の同窓のひとりである。

小学四年生のころ、先生が、みなに、大きくなったら何になる、ときいた。

子供のことだから、たいていは、

「陸軍大将になりたい」とか「ぼくはカイグン水兵」とか「学者になる」とか「バクダン三勇士になる」とか答えたが、ただひとり変な答えをした子がいた。

「オガクズヤになります」

先生にも、この商売がよくわからなかったらしい。説明をもとめると、

「となりの民やんみたいになりたい」

といった。その子の隣家の民やんは、兵隊を上等兵で帰ってくると、材木工場のオガクズ（ノコギリクズ）をタダ同様の値で買いあつめ、そのオガクズに自分が考案した妙なノリを入れてこねまわし、練りかためて四角にしたうえ、近所の風呂屋《ふろや》に売ってもうけているという。

「なるほど」

商売の町の教師らしく、先生はこの答えにひどく感心して、

「このこたえが、いちばん」

と大声で激賞した。その子の長じたのが「傭われ事務長の義しゃん」である。

義しゃんは、夜間商業から夜間専門学校をでると、すぐ小さな町工場に就職した。その後、私の知っているかぎりでも、かれは十軒以上の町工場を転々としている。

どの町工場も、事務員といえば、かれのほかに女の子が一人いる程度の規模にすぎない。夜間専門学校を卒業すると同時に、かれは経理部長兼営業部長に給仕を兼ねており、その後のどの町工場でもこのかたちはかわっていない。

腰がおちつかないのではなく、取引先などの工場がつぶれかけていると、かれは、憤《いきどお》りに似た興奮をおぼえ、ついたてなおしてやりたくなり、もとの町工場を捨てて、その工場に入ってしまう。

徳川中期以降、大名の経済がくるしくなったころ、諸藩はあらそってこういう才能のある「たてなおし用人」をやとった。二宮尊徳もそういう業者のひとりだったのである。大阪の町工場における「たてなおし用人」こそ義しゃんであろう。

かれは、工業簿記の実務的な権威であり、経理のベテランであり、商売がうまく、営業上の思いつきの名人で、そのうえ、税務署工作のうまさは、堂に入っている。

「おれの顔は、いつでも泣いてるみたいな顔やろ。これが、税務署には持ってこいでな」

税務署は、泣きの一手だという。義しゃんは、斗六豆のつぶれたような顔をしている。この顔で泣くのだから、税吏も心を動かすのであろう。

かれのおかげで立ちなおった町工場も少なくないし、うまく行きだすと、かれのほうが退屈してくる。どうせ町工場などは、ながく勤めていても恩給がつくわけでもなく、月給がさしてあがるわけでもない。さっさと、つぶれかけの町工場にうつってしまう。

かれの名は、すでに東大阪の町工場街では高く、ぜひわが社へと引きぬきにくる工場主もあるというから、

「それほど立てなおしの名人なら、自分で工場をやったらどうや」

というと、

「それがあかん」

自分の顔を指さした。

「この貧相な不景気づらでは、小なりといえども企業の大将にはなれん。人間にはぶんがあってな。おれは、工員二十人ほどの町工場の事務員がうってつけや」

かれは、七年ほど前に結婚したが、すでに中学生と高校生のこどもがある。未亡人と結婚したわけである。考えようでは、その未亡人家の立てなおしのために、かれが勇んだわけであろう。

かれらはいずれも平凡だが、人生に余裕をもち、世の中を相手に遊ぼうとする「戯作《げさく》な」精神をもっている。むろんこういう精神は、大阪独特のものではなく、伝統のふるい大都会なら、どこの国にでもある。ただ、大阪人としての私が誇りうるとすれば、日本では、大阪の庶民都市としての四百年の伝統のみが、元禄《げんろく》以降、その精神を生みつづけてきたといいたい。

〔「日本」大日本雄弁会講談社、一九六一年八月号〕

綱淵謙錠《つなぶちけんじょう》氏のこと

〈綱淵謙錠　作家　1924〜1996〉

綱淵謙錠にはじめて会ったのは、私が勤めをやめて小説だけを書くようになって一、二年目の昭和三十七年だったような記憶がある。場所も情景もよく憶《おぼ》えている。

私は前日から新橋の第一ホテルに泊まっていて、その日の午後、一階の喫茶室で綱淵謙錠と会う約束をした。互いに卓子をへだてて初対面のあいさつをしたとき、イスのうしろを、東南アジア系の旅行者が十人ばかり通った。まわりは、百貨店の特売場のように混雑していた。

そのころ綱淵謙錠は雑誌「中央公論」編集部の次長で、年齢は私より一つ下である。互いに三十代の終りごろだったが、かれはすでに大学の在学当時からの研究主題であったT・S・エリオットについて世評の高い訳業を持っていた。

色が白く、体格がゆったりと大きく、ふと平安末期の奥州《おうしゅう》の山峡の館《たて》と、その館の土塁に植えられた桜の春を背景にして、沿海州産の仔犬《こいぬ》でも足もとに纏《まつ》わりつかせればこれほど似合う風韻のひともないのではないかと思った。行儀がいいというよりも、対座していて相手に快感を覚えさせるといったふうに自律的で、声までが快く抑制されていた。本来、声帯の肉づきがよさそうで、話すというより咆哮《ほうこう》するほうに適《む》いていそうであったが、しかし小出しにしか発声しなかった。

　この雑踏の中の情景の記憶は、私にとって自己嫌悪《けんお》がまじっていて、憶《おも》い出したくもない。かれが出した話柄《わへい》は、一つしかなかった。「新選組をどうお思いでしょう」という、晴れた午後のホテルのロビィでの話題としては突拍子もないものだった。

　私はそのころ新選組について調べたこともなかったが、しかし近藤勇《いさみ》という政府御用の血なまぐさい仕事をした人物が持っている粗野な出世主義がきらいで、当時、知識人のあいだで流行していた頼山陽ばりの――それも懸命に真似《まね》たというだけの――書までがきらいだった。そういう感情があったために、初対面のかれに、のしかかるようにして喋《しゃべ》りすぎてしまった。こういうあと、かならず自分への嫌悪感があって、それがいまもつづいている。その間、綱淵謙錠は自分の意見はのべず、ときどきお行儀よく点頭してくれた。ただ最後に、それを随筆に書いてくれという意味のことを、断われないほどの鄭重《ていちょう》さで言った。それがかれの用件だった。飯沢匡《ただす》のような劇作家がこの情景を見れば、十分喜劇的要素を感じとるにちがいない。

私自身のことをいえば、あの日の午後、綱淵謙錠に言った新選組観が自分の思いこみどおりだったのかどうかについてひどく気になり、その後、その思いこみを懸命におさえつつ幕末のこの浪士結社とその加盟者たちを調べるようになった。ふつう、ひとから言われた程度でそういう気になることはまず無いのだが、私には、あのとき無言でただ点頭していただけの綱淵謙錠が、たえず気になった。アメリカの開拓時代の裁判で、あやふやな裁判担当者が、ただそこにすわっているだけで発言さえひかえている一人の陪審員が気になり、もう一度たんねんに証拠物件の調べなおしをするといったような格好だった。

この人とは、その後、十年以上会っていない。

その間、かれの消息は、かれの同僚からときどき仄聞《そくぶん》した。やがて、その勤めさきをやめたということをきいた。

ほどなく、かれが発表した「斬《ざん》」という、直木賞候補作品を読むに至る。この、小説というには重すぎる作品は、選者たちのあいだで、瑕瑾《かきん》でさえ好意をもって評されるほどに高い評価を受けた。同時期の受賞作は、井上ひさしの「手鎖心中」だった。作品としてのあらわれ方はちがうが、どちらも、日本における北方の心を、高度に洗練された形で持っている作家である点、いまふりかえって思うと、ふしぎな暗合のような気もする。

「斬」に次いで、「斬」同様、漢字一個だけを題としたいくつかの作品をよんだ。どの作品も、氷山の一塊のように、漢字一個を泛《うか》べることによってしか象徴しようのない歴史の敗者のうめきが、樅《もみ》材のように重い木質の文体とその行間に沈んでいる。

この作品集は、中編「苔《たい》」を中心に、「冤《えん》」および「朔《さく》」がおさめられている。

幕末の奔走家の何割かは、革命家であったことに過不足はない。しかし革命化した雄藩の策謀家たちは、革命の成功のめどがつくや、その藩の集団利益の卑小な計算者になった。西郷といえども、そういう計算者を統御している革命政治家である以上、その弊からまぬがれなかった。薩長《さっちょう》という武力が、律令《りつりょう》以来、古ぼけきって宗教的存在になった京都御所をかつぐことによって革命の新権力になったとき、それまでの草莽《そうもう》の志士は、不要になったばかりか、むしろ邪魔になった。が、最後にかれらを一束にして使用したのは「赤報隊」であった。京都で成立早々の〝新政府〟は、当時、日本最大の武力として箱根以東に蟠踞《ばんきょ》した旧幕勢力を怖《おそ》れたが、それに対し、一種の威力偵察用の先鋒《せんぽう》として放ち、その結果、旧幕勢力の慴伏《しょうふく》ぶりが意外にも本物であるとわかると、革命の正規軍が、京都を出発し、「先鋒」を称し、最初に「先鋒」を称した「赤報隊」を隊長ぐるみわなにかけ、えたいの知れぬ冤罪《えんざい》を着せて刑殺してしまった。「冤」は、内部に対してまで謀略化した革命の最後段階の陰惨な謀略を、被害の血痕《けっこん》をたどってゆくことによって解きあかそうとしている。というよりも、謎《なぞ》を解きながら、作者の手が血だらけになってしまったことに、作者自身が息をのんでしまっているような作品である。

「三篇ともいわば敗者の記録である」

と、作者はこの集が出たとき、あとがきで書いているが、しかし作者の精神にはフロイト風の分析を可能にするような要素はすこしもなく、溝壑《こうがく》にたおれこんでいる無告の死骸《しがい》をみれば抱きおこさずにはいられないという不断の切なさの故《ゆえ》であるらしい。できれば死者の口を藉《か》り、たとえそこに聴き手がいなくとも、地を叩《たた》いて死者の代弁をするという、稀有《けう》な——としか言いようのない——この人の丈夫の心が、これらを書かせているといえる。

「朔」は、カラフトの風雪と、それへ無私な情熱を託した幕末の無名の士との間の何ごとかを象徴する一個の氷塊であるかと思える。氷塊はその後に変転する時勢のなかで溶け去ったあと、その地を故郷とする作者の思いが、声に出されることなく行間にこもっている。故郷を喪失した作者は、やむなく南にくだって、日本という仮り住まいの地に棲《す》んでいる。この虚空《こくう》にしか鳴りようのない想《おも》いが、作中の実在の人物に重なりあっていることを、読後、一陣の凄気《せいき》として感じとることができる。

「苔」は、この作家のこの時期における最高の傑作といっていい。こういう作品には解説はむしろ有害で、ただひたすらに作品の息吹《いぶ》きを、現《げん》じてゆく山河に身をまかせつつ辿《たど》ってゆくしかない。

私はこの解説を書くことによって、作者の中にある北方の心と骨格を見たいと思ったが、果せなかった。

そのためには日本における北方とは何かをたとえ微《かす》かでも定義づけねばならず、そこで稀に真珠のように形成される精神がいかに稀少《きしょう》で重要なものであるかを言わねばならず、さらにはその精神の系譜のなかにあって綱淵謙錠の人と文学をどう位置づけるかを、もっとも重要なこととして触れねばならない。それには多くの紙数が必要なために、結局、私がいちばん大切に思っていることに及ぶことなく終った。そのことの思案は結局、読者にゆだねねばならなくなったが、しかしこの集のなかの「苔」を幾度か読めば、永岡久茂《ひさしげ》の肉体が運命の中で転んでゆく鈍い物音や、中根米七《よねしち》という老武士が、その生の最後を自分で始末するために草場に腰をおろすひそやかなる気配の中に、作者自身の精神に重なるなにごとかを感じてもらえるかもしれない。

〔綱淵謙錠著『苔』解説、中公文庫、一九七七年一一月〕

〈広瀬正　作家　1924〜1972〉

ふしぎな世界を構築した天才（『広瀬正・小説全集』）

広瀬正氏の作品については、幸い、私はかつてそれらの作品評を書いている。いずれも直木賞選考委員会での選評で、紙数に制約があるため、舌足らずの感が深い。しかし私自身の広瀬作品への感想の歴史のようなものであり、さらにいえば氏がもはやこの世になく、ほかに作品をもとめようのないことで、年ごとに悲しみがつのっている。そういう意味から、かつての選評を順序だてて再録しつつ、その後の感想を記入してゆきたい。

一読者として一番面白かったのは、広瀬正氏の「マイナス・ゼロ」であった。ＳＦには読み方が要る。頭から空想譚に騙《だま》される姿勢で読まねばならないが、それにしてもこの人の空想能力と空想構築の堅牢《けんろう》さにおどろいた。小説という通念が、なお地上の人生とか地理的リアリティにこだわりがある以上（あって当然だが）とても受賞はないだろうと思いつつ、七分目がた、これを推した。

ＳＦには読み方が要る、という当然なことをわざわざ書いたのは、作品に展開されているような事態が現実にありうるだろうかといったような素朴なリアリズムの立場からの疑問が、存外多かったからである。

私ども読者はみごとに騙されたいと願いつつ、最初の一頁《ページ》から心を躍らせている。そう願いつつも、半面、作者の世界へのいざないが、非現実的であってはこまると思っている。この点、作者はごく日常的な、たとえば読者がすわっている座蒲団《ざぶとん》の下からしずかに霧が立ちはじめて日常性のまま飛翔《ひしょう》がはじまるというのが、なんともいえない快感を私どもにあたえてくれる。芸術が本来快感の体系であることを、私は思い出さずにはいられない。

いつだったか、陳舜臣《ちんしゅんしん》氏と神戸で食事をしていて、はなしが中国の詩のことになったとき、氏がなにか出典を示して、男子の詩は志をのべるもので女子の詩は怨《うら》みをのべるものだ、という意味のことをいったような記憶がある。

なるほど中国人というのは詩文で何千年苦労してきただけに、おもしろい詩論があるものだとおもった。むろんこんにち、女子が志をのべてもよく、男子が怨みをのべてもいいが、いずれにせよ、薪をたたき割ったような粗論だけに、小説にもそれが大きい場所であてはまるような気がする。

ところで、怨みものべず志ものべず、どういう衝動に駆られてか、営々として小説を書くというのは、なにかをやたらに空費するという意味で一種の壮観であるにせよ、一面なんだかつまらないような感じがしないでもない。

江戸期の日本人の詩論で、志が高く涼やかであれば技巧の拙《まず》さはかえって覆《おお》われて逆に強さを出すことさえある、というのを読んだことがある。これも小説の分野にあてはまるかもしれない。

自分も小説を書いているくせに、ひとの作品を読んでとやかくいうのは口はばったいことだが、しかしこんどの一連の候補作に接して、ひょっとすると右のような素朴な意見をあえて言った方がいいのではないかとおもった。

広瀬正氏の「ツィス」という作品は、自分の空想をどれほど精緻《せいち》に計数化しうるかということに挑んだ作品で、この作業そのものが志であり、さらには社会心理的なリアリティもあって、変に魅《ひ》かれるものがあった。しかしこの種のものが受賞作になるには多少先例と筋合いがちがうし、なるにしてもあと数年かかるかもしれないとおもった。

「ツィス」には圧倒的な感銘をうけた。ごく平均的にいって、人間は五官によって生存を認識している。そのうち聴覚に、外部からほんの小さな変化を、持続的そしてひろく社会一般に加えるとすれば、人間はどうなるであろうかという空想的な実験意識が、着想になっている。ツィス音が聴える。空気のあるところ、どこにでも聴える。この変化が、個人の段階では、耳鳴りかもしれない、と思ったりする。しかし社会のすべてをこの音が貫き、普遍的にこの微量な音によって侵されていると知ったとき、緩慢なかたちながらもパニックがおきる。この空想上の実験によって、人間が、簡単に個のわくをこわして集団の大わくに入り、そのわくの中で似た反応を交換しあってやがては恐慌《きょうこう》をおこすという結果を生む。

このときこのSFは、重大なリアリティを持つのである。さらには過去に存在した多くの社会心理現象は、要するに「ツィス」の一種ではなかったかとさえ思いたくなる。この種の小説がもつ成功というのは、読者が、これは何事かを暗喩《あんゆ》しているのではないかという、そういう反応をも含めるものだといっていい。

> 私は広瀬正氏の「エロス」を推した。深読みかもしれないが、愛というこの人間現象に奇怪な襲撃力をもつ力を、作者は化学的物質としてそれを抽出し、合成し、それをこの小説に登場する数人の人間の過去に対し、実験的に添加《てんか》した場合、「過去」がどのように化学変化をおこすかということをSF風に考えてみた文学であるように思える。この小説の設定につかわれた人間も空間も時間も、フラスコや試験管といったふうの実験器具として組みあわされ、作者自身は白い実験衣を着た進行係にすぎず、実験の進められようが非現実的であっても、遊戯としてわりきってしまえばじつにおもしろい。この作品は「マイナス・ゼロ」「ツィス」につづいて三度目の候補作である。このあまりにも現実離れした遊びの世界は二作ともおおかたの共感を得ず、こんどもそうであった。「エロス」は前二作とくらべてやや広瀬的世界の濃度が薄いのが物足りなかったが、しかし才能（広瀬氏のは従来の文学的才能ではなさそうである）という点では、私は三作とも頭がさがった。

この文章につけ加えるべき言葉はない。もしあるとすれば、広瀬正という天才以外にはたれも構築しようのない独自の小説世界に対し、何度も叩頭《こうとう》したいというだけである。

広瀬氏の作品は、物理学的な、あるいは化学的な、さらには社会心理的な無数の材料でもって、構築されているように見えながら、一種ふしぎな悲しみがただよっているのはどういうことなのであろう。

この悲しみは、少年が夕空を見て不意に襲われる底《てい》のきわめて純度の高い感情といっていいが、そのことは、この作者の精神のなかにある透明度の高いナルシシズムというものかもしれない。右の三作のうちのどの作品に登場しているかは伏せておきたいが、雑踏のなかで、少年のころの作者自身が、作者の名前でもって、一行だけ登場する場面がある。名をきかれて、その雑踏のなかの一人にすぎない少年が、「広瀬正です」と答えるくだりである。それも全体の構成からみれば必然性がないわけではない。しかし、それを読んだとき、この作者は自分の少年のころに対して無限の懐《なつか》しみをもっているのではないかと思われて、読んでいて感動ともつかぬ気持の亀裂《きれつ》を覚えたことがあった。

その後、ほどなく広瀬氏の急死を知ったとき、私が感じたあの奇妙な感動が、脳裏にひろがって、やりきれぬほどの悲しみに襲われた。

氏は、意識としてではなく、一個の生命体として、どこかで自分の短命を予感していたのではないかとも思われ、さらには私とほぼ同年輩のひとだということもあって、右の一点からひろがった私の悲しみはなおもつづいている。

氏にはついにこの世で会うことがなかった。それだけに、私の悲しみの感情も、氏の作品の透明感と似て、余分な景色というものは帯びてない。

〔『広瀬正・小説全集2　ツィス』解説、河出書房新社、一九七七年四月〕

〈三島由紀夫　作家　1925〜1970〉

異常な三島事件に接して――文学論的なその死

三島氏のさんたんたる死に接し、それがあまりになまなましいために、じつをいうと、こういう文章を書く気がおこらない。ただ、この死に接して、かれの死の薄よごれた模倣をする者が出るのではないかということをおそれ、ただそれだけの理由のために書く。

思想というものは、本来、大虚構であることをわれわれは知るべきである。思想は思想自体として存在し、思想自体にして高度の論理的結晶化を遂げるところに思想の栄光があり、現実とはなんのかかわりもなく、現実とかかわりがないというところに繰りかえしていう思想の栄光がある。

ところが、思想は現実と結合すべきだというふしぎな考え方がつねにあり、とくに政治思想においてそれが濃厚であり、たとえば吉田松陰がそれであった。

松陰は日本人がもった思想家のなかで、もっとも純度の高い人物であろう。松陰は「知行一致」という、中国人が書斎で考えた考え方（朱子学・陽明学）を、日本ふうに純粋にうけとり、自分の思想を現実世界のものにしようという、たとえば神のみがかろうじてできる大作業をやろうとした。虚構を現実化する方法はただひとつしかない。狂気を発することであり、狂気を触媒とする以外にない。要するに大狂気を発して、本来天にあるべきものを現実という大地にたたきつけるばかりか、大地を天に変化させようとする作業をした。当然、この狂気のあげくのはてには死があり、松陰のばあいには刑死があった。松陰は自分のゆきつくところが刑死であることを知りぬいてみずからの人生を極度に論理化し（松陰は自己陶酔者ではなかったから美化ではない。しかしその道程と結果は似ている）人生を論理化したあげく、かれ自身が覚悟し予想していたがごとく、異常死へゆきついた。みずからの人生と肉体をもって純粋に思想を現実化させようとした思想家は、その純度の高さにおいて松陰以外の人を私は世界史に見出《みいだ》しにくい。

　われわれの日本史は松陰をもったことで、一種の充実があるが、しかしながらそういうたぐいの精神は民族のながい歴史のなかで松陰ひとりでたくさんであり、二人以上も出ればその民族の精神体質の課題という別な課題にすりかわってしまうであろう（ただし、ここでいう思想は、宗教と別個に考えたい。宗教にあってはとくにカトリシズムにあっては、多くの殉教者を出した。ここではカトリシズムのように天に生まれるということを期待することなく、自分の死をもって自分の思想を純粋に表現しようという精神、もしくは発作を考えたい）。ただ、そういう松陰でさえ、自殺はしなかった。刑死させられたが、刑死するまでの幾段階か前までは遠島《えんとう》程度のものであると思っていた。かれほど思想家としての結晶度の高い人でさえ、自殺によって自分の思想を完結しようとはおもっていなかった。さらに松陰の門下から多くの血なまぐさい思想的奔走家や政治的奔走家を出したが、かれらの一、二をのぞいては思想と現実が別個なものであることを知っており、現実分析による現実的行動によって歴史を変革することをなしとげた。というより変革期にきている歴史的現実を、現実的にとらえ得た。

私が松陰という極端な例をここに出したのは、むろん念頭に三島氏を置いてのことである。三島氏のは、三島氏独自の思想であり、日本人の精神の歴史的系列とは別個のものだということを考えたいがためである。

三島氏ほどの大きな文学者を、日本史は数すくなくしか持っていないし、後世あるいは最大の存在とするかもしれない。

ただ氏はここ数年政治的発言をしきりにしてきたために、こんどの氏の異常死をもって、それを政治的死であると解釈されるかもしれない危険（われわれ同時代人にはその危険性はないが）を私は感ずる。三島氏の死は、氏はおそらく不満かもしれないが、文学論のカテゴリーにのみとどめられるべきもので、その点、有島武郎《たけお》、芥川龍之介、太宰《だざい》治とおなじ系列の、本質はおなじながらただ異常性がもっとも高いというだけの、そういう位置に確固として位置づけられるべきもので、松陰の死とは別系列にある。

三島氏の場合、思想というものを美に置きかえたほうが、よりわかりやすい。思想もしくは美は本来密室の中のものであり、他人が踏みこむことのできないものであり、その純度を高めようとすればなおさらのことであるが、三島氏はここ数年、美という天上のものと政治という地上のものとを一つのものにする衝動を間断なくつづけていたために、その美の密室に他人を入れこまさざるを得なくなった。楯《たて》の会のひとびとが、その「他人」である。

「ああいうことをしていては、三島さんは殺されるかもしれない」

ということを、三島氏に接していた編集者が、私にいったことがある。三島氏の狂気は、天上の美の完成のために必要だったものであり、そのことは文学論的にいえば昭和三十八年刊行されたかの名作（まことに名作）『午後の曳航《えいこう》』に濃厚に出ている。この小説は他者を殺す。少年たちが精密な観念論理を組みあげ、その観念を「共同」のものにしたあげく、その論理の命ずるところによって、現実的になんのかかわりもない一人のマドロスを殺す。そういう主題である。「共同」がすでにはじまっている。

その「共同」はしかし氏の観念のなかでのみ成立させるべきところを、現実の生活者であるところの氏はその密室に生き身の他人を入れたがために、その「共同」がこんど現実のものになってしまったのである。

であるがためにあくまでも、氏の死は政治論的死ではなく、文学論的死であり、であるから高貴であるとか、であるからどうであるという計量の問題はさておき、それ以外の余念をここで考えるべきではないように思える。ただ氏と「共同」した他者の悲劇をここで考えざるを得ない。彼らは政治論的死のつもりであったに相違なく、痛ましさはむしろそのあたりにあるといえるかもしれない。

いずれにせよ、新聞に報ぜられるところでは、われわれ大衆は自衛隊員をふくめて、きわめて健康であることに、われわれみずからに感謝したい。三島氏の演説をきいていた現場自衛隊員は、三島氏に憤慨してヤジをとばし、楯の会の人をこづきまわそうとしたといったように、この密室の政治論は大衆の政治感覚の前にはみごとに無力であった。このことはさまざまの不満がわれわれにあるとはいえ、日本社会の健康さと堅牢《けんろう》さをみごとにあらわすものであろう。

むろん、こういう私の感想は三島氏の美学に対してはきわめて無力であり、それがわれわれの偉大な文学遺産であることをすこしもそこなうものではない。要するに三島氏の「密室」が分裂していたがごとく、この事件をうけとったわれわれも、それを反映して、分裂せざるをえないのである。われわれはそれをむしろくっきりと分裂させ、規定を別々にし、感受性のゆたかな芸術鑑賞者であることと、健康な日本人であることを同時にもちたい。しかしながらわれわれはおそらく二度と出ないかもしれない文学者、三島由紀夫を、このような精神と行動の異常なアクロバットのために突如うしなってしまったという悲しみにどう耐えていいのであろう。

〔「毎日新聞大阪版」朝刊　一九七〇年一一月二六日〕

焦《こ》げたにおい

〈赤尾兜子　俳人　1925～1981〉

赤尾兜子《とうし》と私とは、大阪の上町台《うえまちだい》にある小さな学校で一緒だった。

兜子は中国語をまなび、私はモンゴル語をまなんだ。それぞれ、このことは意味があったようにもおもえる。卒業前、怱々《そうそう》に兜子は京都大学へゆき、私はそれよりすこし前に兵隊にとられた。この間の記憶は、なにやらもうろうとしている。

戦後、どちらも新聞社につとめたが、双方社もちがい、受けもつ仕事もちがったために、相会わなかった。小さな学校以来、二十年後の昭和四十年前後に再会し、濃密な親交を結びなおした。そのころにはすでに私は、かれの俳句論である「第三イメージ」についても素人《しろうと》ながら共感をもっていたし、その処女句集『蛇』についても、その強烈すぎるイメージに心の膜がはじけるような衝撃もうけていた。

越後《えちご》への旅行を共にしたこともある。

その往復の時間は、ほとんど俳句論ばかりで充《み》たされてしまった。それも私のほうから問い掛けた。私には兜子がふしぎであった。かれの句は、作るよりも発するようであり、というよりも雷電に撃たれるような感覚の発作があるときに、その発作のあとに句が落ちているというような感じであり、そのことが、かれの資質のどのあたりから出るのか、せめてその焦げあとのにおいでも嗅《か》げないかと思った。私が俳句論をしきりに仕掛けていたのは、かれの反応を楽しみたいためであった。そのことについては以前書いた記憶があるからここでは触れないが、ともかくも、数日の旅行のあいだに、数度おどろかされた。

旅行の最後は、越後湯沢の宿だった。宿の小さな部屋で二人で遅い晩めしを食っていると、廊下掃除の係の婦人が声をかけてきた。やがて彼女は掃除道具を廊下にたてかけて、私どもの座に入った。同業の掃除係がもう二人やってきて、大一座になった。この湯治場は川端康成氏の「雪国」の舞台だったとおもうのだが、私どもは一時代前の人のように芸者をこたつに入れて酒を飲むような芸はできなかった。われわれの世代は掃除婦と茶碗《ちゃわん》酒をのんで、酔うほどに世の中がばかばかしくなるような下宿くさい酒しか飲めず、そのことがなにやらおかしかったのを憶《おぼ》えている。

兜子は、終始顔をあげ、風情《ふぜい》もなにもない手つきで杯をあげては飲んでいた。ときどき皿の上の黒い舞茸《まいたけ》に箸《はし》をやり、それを口に入れるのだが、その動作も、顔をあげたままだった。口の中のものが舞茸であるのか焼魚であるのか、頓着していないような噛《か》みかただった。顔つきもそうだった。その顔つきは愉快とか不愉快とかいう感覚のそとにあったが、そのくせ掃除婦たちが唄《うた》をうたいだすと、兜子も和した。掃除婦たちは兜子にくっついているようだった。彼女らにとっても、兜子にふしぎな感じをうけたにちがいない。

やがて掃除婦たちは行ってしまい、二人だけの酒にもどった。そのとき、どういうはずみだったのか、兜子の顔が急に哭《な》きだしたのをおぼえている。なぜ哭くのか私には見当もつかなかったし、質問もしなかった。ほうっておくしか手のないような兜子ひとりっきりの情景だったし、私は兜子の顔が勢いよくゆがんで両眼からさかんに水が流れおちているのを眺めていた。

これは、俳句だと私は理解しようとした。俳句という感情現象が、兜子の中でいま起っているのだと理解するほか、この変な間《ま》の中に居あわせられてしまっている自分が持ちそうになかった。たしかに、ああいうものが兜子の俳句なのであろうと私はいまでもおもっている。

兜子は、川上の遠い龍野中学に、川下の網干《あぼし》からはるばると自転車でかよっていた。初年級のころ、ある日、急に自転車を投げだして、休耕田のなかであおむけに寝てしまったという。どう仕様もない詩心が体にうまれてしまったという瞬間を兜子はよくおぼえていて、それを、なにかいやな思い出でも話すように、私に話したことがある。中学の国語の先生で、俳句のすきな人がいた。兜子はその人が好きだったから、自分の中からあふれてきたものを、俳句という形式で受けようとした。もし兜子が他の形式を持っていたら、それで受けたにちがいない。

文芸としての俳句の伝統からいえば、およそ異った化学成分のものを兜子は、押しこんで破裂したり感電したりするのもかまわずに、それを押しこんだ。やがて兜子は、俳句という形式に押しこむことによっておこる化学変化や物理変化を美として見つめなおす精神を、伝統の俳句とはべつの場所で確立した。

その精神の発作について、私はたまたま兜子と酒をのんだおかげで、焦げたにおいだけでも嗅いだような感じもする。

〔赤尾兜子著『歳華集』序文、角川書店、一九七五年六月〕

〈三代目桂米朝　落語家　1925～2015〉

大いなる世界——米朝《べいちょう》さんをめぐってのこと（「上方《かみがた》花舞台」）

幕間《まくあい》おくつろぎのところ、野暮ったいことを申しあげます。

私ども日本人は、落語に大恩があるということです。落語は、明治中期に出発したこんにちの日本の文章やら文学やらの産婆《さんば》さんでした。

革命というのは、一つの民族がそれをやると一ぺんこっきりで懲《こ》りてしまうほど深刻なものですね。大水と火事と地震が一緒にきたようなもので、じつは、せっかく江戸時代に成熟していた文化が、明治維新とともに一気に押し流されてしまったのです。

文章も、もろともに流されました。考えてみてください。文明開化になって、まさか西《さい》鶴《かく》や近松《ちかまつ》の文章で小説を書くわけにいきません。また本居宣長《もとおりのりなが》の和文や頼山陽《らいさんよう》の漢文でもって新聞記事を書くのもへんなものです。

こんな事情はフランス革命でも同様だったようで、革命後にあたらしい文章が興《おこ》ります。スタンダールなども、ナポレオン民法を参考にしてあたらしい口語文を創《つく》りだしたといいます。ナポレオン民法の文章は、それまでのフランスの法文とはまったくちがって、口語文で書かれていました。名作『赤と黒』は、そんな事情からうまれました。

明治の文章家にとって、範《はん》としたのは、三遊亭円朝（一八三九～一九〇〇）でした。とくに明治十七年、円朝の「牡丹灯籠《ぼたんどうろう》」などが速記本になりましてからは、明治の文章に大きな影響をあたえました。

言語というのは人間の文化の基本で、しかももっとも重要なものです。

大まかにいって言語表現の形態は二種類あります。ひとつは、一対一で喋《しゃべ》るペチャクチャ言語です。寄りあって、たがいによく知っている事情をふまえて話します。たとえば亭主と女房の会話、あるいはおなじ会社の同僚同士のおはなしなどがそうでしょう。語り手も聴き手も、ほとんど想像力を必要としません。

二番目の言語形態は、たった一人の語り手が——たとえば高座《こうざ》の噺家《はなしか》のように——不特定大衆に話しかける形態です。これがヨーロッパにあって、日本にはなかったのです。落語以外には、わずかに真宗《しんしゅう》坊さんの説教ぐらいだったでしょう。

落語以前に、すでに講談はありました。これは、ふつう〝ご存じ〟の人物が出てきます。徳川家康《いえやす》、真田幸村《さなだゆきむら》、後藤又兵衛といったように、聴く者にとっては、百も知っている人物が登場するのです。語り手にとっては、聴き手の知識によっかかっています。この場合、こまったことに世間のほうが、変ります。周知だったはずの人物が忘れられてしまえば、講談はなりたたなくなるのです。「塙団《ばんだん》右衛《え》門《もん》が」といっても、「その人はどなたです」では、はなしがなりたちません。

その事情は、こんにちの芸能雑誌に載っているアイドルの噂話《うわさばなし》に似ています。そのアイドルの名を知らないオジサンたちにとっては、それを話題にしているお嬢さん方のはなしがさっぱりわからないのです。

この点、落語は万古不易《ばんこふえき》の人間性をあつかっています。この世に人間がいるかぎり、衰えるはずがありません（はずがないのにどうして衰えているかについては、後半にふれていることと関係があります）。

落語に出てくるのは、いっさい無名人です。語り手が空《くう》をつかんで息を吹き入れると、魂と肉体をもった生きた男女になります。恋もするし、欲もかきます。おびえもするし、脅《おびや》かしもします。

息を吹き入れる、と申しましたが、落語では、造形しようとするその男女の性格、立場、老若《ろうにゃく》、身分、教養の度合いなどを、ほとんど数秒のやりとりのうちで描出するのです。

噺《はなし》の中の男女は宙空《ちゅうくう》で創られたものなんですが、生身《なまみ》よりもあざやかに生きているんです。

噺の中の男女が動きはじめるための電流は、物欲か遊び欲か、それとも色恋かです。場合によっては見栄《みえ》も入ります。見栄も、おそろしい人間の衝動ですね。それに腹立ち。

近代文学を成立させている諸要素もこれであります。近代文学に先行するものとして江戸時代に西鶴がいて、明治には落語がありました。

人間の現象というのはいうまでもなく一枚の紙の表裏です。おなじ現象を悲しく語ることもできるし、滑稽《こっけい》に語ることもできるのです。

ただそれを明るくユーモラスに語るのは、至難です。まず、語り手の精神が鍛《きた》えられていなければならないのです。語り手自身が透明無私でなければ滑稽には語れないのです。

名人とはなにか、というのは、そういうことと関係があります。

極端にいうと、水に溺《おぼ》れてあがいているかわいそうな犬を、哀れに語ることはたれにでもできます。しかし滑稽に語って後味《あとあじ》がわるくない、というのはとてもむずかしいのです。一休とか白隠《はくいん》とかいう人の境地に近くならなければ、至難のことです。

話が、きょうの舞台の「親子茶屋」のことになりますが、この名品も、いわば水に溺れてあがいている親と子の話です。これを、なまじいの上手《じょうしゅ》が達者に語ったところでおもしろくも何ともありません。語り手の精神の高さが、決定的なのです。その精神が、この二人の愚者の愚を語ってはじめて、単なる愚か、人間普遍の愚という広やかな次元に高められるのです。その瞬間、哄笑《こうしょう》がうまれます。

ほんとうに落語は、むずかしいですね。右のように精神の高さなどと大げさに申しましたが、禅坊主《ぼうず》の〝生悟《なまざと》り〟ではかえっていやらしくなります。

また、語り手にとって批判精神は必要です。近代とは批判の時代なのです。つまり商人が商品の目方をカンカンで量《はか》るようにすべての目方と数がはかられる時代のことです。落語は、江戸末期、商品経済の盛行期（事実上の近代）に京大坂の熱鬧《ねっとう》の地でうまれたもので、近代の批判精神そのものが母胎でした。

たとえば、親に孝行せよとお上《かみ》はおっしゃる。しかし親不孝こそ人間の性《さが》なんです……

という批判の心が、落語の本音《ほんね》の底にあります。

といって、生《なま》批判は禁物です。この世でいちばんきたならしくて厭《いや》ったらしくて、いわば腐った魚の山のようなものが、生批判というものです。名人がやると、ちりめんじゃこ一ぴきを焼く匂《にお》いも立ちません。

名人とはなにか、といいますと、ひょっとすると愛かもしれません。語り手に、人間一般が好きでたまらない、あるいは登場してくる人物への愛《いと》しさ、語り手自身が登場人物のことをアホラシイと思いつつ、同時にこれこそ人間じゃないかと愛をもって思いかえす刹《せつ》那《な》に、はじけるような滑稽感《ユーモア》がうまれるのです。

米朝さんというのは、おそらくそんなお人なんでしょうね。

私などは、ラジオの落語で育ちました。子供のころから、落語族でした。当時のラジオ落語は、江戸落語ばかりだったんです。

上方で天才といわれる春団治《はるだんじ》の活躍期は私どもの父親の代でのことで、昭和初年には上方落語は衰えていました。

米朝さんは私よりほんのすこし年下で、ですから上方落語の衰退期を身をもって経験された人です。

この人の東京での大学時代が、戦後の混乱期だったことも、私どもに幸いしました。戦後は経済的にはひどい時代でしたが、文化のあらゆる分野でいろんな芽が萌《も》え出はじめました。たとえば早稲田大学の暉峻康隆《てるおかやすたか》教授（国文学）影響下で落語研究会が興されたりします。東京での米朝さんも、当然ながらその円周のなかにいました。

暉峻さんの『落語の年輪』（講談社）の巻末年譜をみても、敗戦直後というのは、すごいですね。

敗戦のとしの十一月に、大阪の四天王寺本坊で、五代目笑福亭松鶴《しょかく》主催の「上方はなしを聴く会」が催され、その翌々年の正月、そのころ満州で行方不明といわれた古今亭志《し》ん生《しょう》が日本に帰ってきます。志ん生も、不世出の人です。

そのとしの十月、桂《かつら》米朝が上方落語の復興を志し、正岡容《いるる》の口添えで三代目米朝を名のります。昭和二十三年には、松鶴口演の『大阪落語名作選』が出版されます。

もはや当時は、古い落語のたねなど、消えかけていたのです。それをいちいち苦心して復活されたのは、米朝さんの学問的な素養とかんによるものでした。

明治四十年ごろ、夏目漱石《そうせき》は、三代目小さんの芸を芸術であるとして絶讃しましたが、たしかにこの人は東京落語にとって大きな功がありました。本来、大阪だねだった「らくだ」や「碁泥《ごどろ》」など多くのものを、小さんは持ちかえって、東京落語に新局面をひらいたのです。ついでながら、落語だねの名作の七割は、大阪で創られたものでした。

米朝さんの功《こう》は、三代目小さんをはるかに越えたものです。燃えつきて灰同然になっていたものに息を吹き入れて大いなる炎にしたのですから。願わくは米朝さん一代で消えざらんことを。

人間というのは、おもしろいですね。笑いについても、他者によって笑わされるものではなく、自分自身の大脳の中で、自分が結像した映像に笑うものなのです。大脳のなかには、たれもがブラウン管をもっています。電気のほうのブラウン管は、電気信号を光学像に変える装置です。

人間の場合、電気信号が言語にあたります。たとえば米朝さんが言語だけで構成した世界を私どもが聴く――大脳に入れる――ことによって私どもの大脳の中につぎつぎに映像がうつります。自分の映像に自分が笑うのです。

高度に上質なブラウン管を持つ人ほど激しく笑い、映りのにぶい人は人の笑いにつられて笑い、最悪の——つまり映らない——人はむっつりだまっています。

聴覚による笑いにくらべ、視覚による笑いは、多くの場合、低いようです。たとえば、変てこりんな顔の人、これを笑ったところで仕方がありません。よくいう、バナナの皮ですべってころんだ人を笑っても、人間の課題としてのたかだかとした笑いにはなりません。

こんどの「上方花舞台」は、禁を犯しています。

米朝さんの言語構成だけの世界を視覚化しようというものなのです。はたしてうまくゆくでしょうか。

米朝さんについていつも思うのですが、絵画にたとえますと、志ん生の世界が富岡鉄斎のような文人画であるのに対し、米朝さんの世界は金銀の箔《はく》や群青《ぐんじょう》をつかった尾形光琳《おがたこうりん》の世界に、鳥羽僧正《とばそうじょう》を祖とする「鳥羽絵《とばえ》」を加えたような世界です。

文人画は演劇化しにくいですが、米朝さんの世界が光琳に躍動性《ダイナミズム》を加えたイメージである以上、視覚化されてもまた別趣のおもしろさが表現出来るのではないかと思うのです。

そういう思いこみを頼りにひたすらに成功をねがっているのです。もし失敗すれば、企画した上方文化芸能協会が頭を掻《か》くべきであって、米朝さんのしくじりではありません。その理由は、以上、るるとのべたとおりです。しかし、成功してほしいですね。

〔「第七回 上方花舞台」パンフレット、上方文化芸能協会、一九九一年五月〕

苗代川《なえしろがわ》でのこと

〈十四代沈壽官　陶芸家　1926〜2019〉

江戸時代の薩摩国《さつまのくに》というのは、江戸からみても諸国からみても、武張《ぶば》った印象だった。しかしこの土地が大いに得をしていることは、「白薩摩」の美しさが、世間的印象の裏打ちになっていることである。「白薩摩」は時を設けて将軍家に献《たてまつ》られたが、諸侯はなんとかこれを手に入れようとつとめ、いわば垂涎《すいぜん》の的だった。武と「白薩摩」で象徴される文化性が、この藩の印象を構成していたと言っていい。

薩摩におけるこの造形美術を担《にな》ったのは、慶長・文禄《ぶんろく》ノ役で島津氏が戦場から連れて帰った陶工たちである。いま「古帖佐《こちょうさ》」として尊ばれるのは島津義弘《よしひろ》が加治木《かじき》の城館で焼かせたものだが、「古帖佐」以前には薩摩には陶磁器はない。日用の食器に一般に何が使われていたのか——上層階級は当然漆器だろうが——よくわからない。要するに薩摩における焼物の伝統は、この時から始まるのである。

苗代川焼は、慶長の頃、朴平意《ぼくへいい》がこれを始めた。のち、この村で窯《かま》をもつ家々が十五石の士分の待遇をうけ、いまでも十四代も家系が続いている沈壽官《ちんじゅかん》家は、典型的な士族屋敷の結構をとどめている。

江戸時代の旅行家 橘《たちばな》 南谿《なんけい》はこの苗代川を尋ねて人々に会い、「渡来して数代を経たが、それでも故郷の事は忘《ぼう》じがたい思いでおります」という言葉をきいた。私はかつてその言葉を題名に借りて「故郷忘じがたく候《そうろう》」という短編を書き、その時以来、十四代沈壽官氏夫妻の友誼《ゆうぎ》を得た。

沈壽官家は初代以来血脈が絶えることなく十四代も続いているという意味では、めでたさにおいても名家と言えるが、技術においてもこの家系は古陶をそのまま再現しうる能力をもっている。

「先祖のまねをしても仕方がないではないか」と、このことに疑問をもったある人が、酔ったあまり十四代沈壽官氏に言ったことがある。十四代にとってこの言葉ほど心外な思いをしたことはなかったらしい。彼によれば焼物の技術というのは玄妙なもので、一言《ひとこと》に伝統を守るというが、それだけでも作陶上、生涯あぶら汗を流し続けてやっと出来るか出来ないかである。どう答えていいか言葉を失った、と私に語った。つまり、焼物というのは先祖代々総がかりでやるものなのか、と十四代にきくと、そうだ、と彼は言い、その後細かい技術のことを私に語った。

沈壽官家は明治期の十二代が名人として世界的な存在だった。十三代は京都大学を卒《お》えたあと、窯の前にすわり続けて生涯を卒えた。

現在の十四代も若い頃、続くということに疑問をもった。連鎖の鎖にすぎない自分というものは一体何なのか、自分が自分であってはいけないのか、と父君に問い、「自分の終生の志はどうあればいいのです」とせまった時、父君は茫々《ぼうぼう》とした表情で、「お前の息子を茶わん屋にせいや」と、小さな声で言ったという。それだけを念願としてあとはやむをえぬ、捨てるしかない、とささやいた十三代の言葉は、薩摩焼というものの重さをみごとに言いあらわしている。

〔沈壽官 文・久光良城 写真『カラー日本のやきもの2 薩摩』月報、淡交社、一九七五年四月〕

〈神坂次郎　作家　1927～2022〉

神坂《こうさか》氏とこの作品集（『黒潮のろまん』）

神坂次郎氏は、紀州の人である。

いまも紀州に住み、土建業を営み、沿岸地方のあちこちの土建現場を転々とまわりつつ、ときどき仕事を離れて小説を書いたり、熊野《くまの》の山中にわけ入って数日すごしたりされるらしい。御当人はそういう日常や稼業《かぎょう》のつらさを、ときに苦痛におもわれるようだが、傍《はた》目《め》からみれば、なにやら夢と汗が入りまじったような一種香気のある境涯で、じつにうらやましい。

拙宅は紀州から一日行程の町にあるために、年に一度ぐらいは立ち寄ってくださる。このとき日常の話をされるのだが、現場員への愛情というのが体ぜんたいににじみ出ていて、その愛情が、ときどき紀州の人間風土に転移したりする。まれに小説の話もされる。「田舎者が、うんと田舎臭い小説を書いた」といわれるような小説を書きたい、と言われたとき、私は感動をおぼえた。

神坂氏が小説を書きはじめてから、もう十年以上になる。べつに小説を書いて浮世をどうこうというつもりはなく、事務所や飯場の片すみで書きつづけて、それが自分に似たひとびとに読んでもらえれば幸いだとおもっているだけのひとである。しかしながら、氏の作品の愛読者は私の知るかぎりでも多い。

最近、氏は『紀州の方言』（有馬書店）という書物を書かれた。これはおもしろかった。私は年少のころ、「紀州方言というのはおもしろいから調べてみろ」と、ひとから言われて、そのくせなにもせずに歳月が経《た》ってしまったから、この書物に接して目が洗われるような思いがした。

紀州に下津《しもつ》という小さな港がある。そこに二代つづいた本の小売店があって、その主人がどうやら神坂氏を非常に好きであるらしい。『紀州の方言』も、その人が出した。つづいてその人は、神坂さん、あなたの作品集を出しましょう、と言いだして神坂氏を狼狽《ろうばい》させた。氏は、とても売れないからあなたは損をする、といってなだめたり断ったりしたらしいが、主人は、いや損をしたいのだといって、とうとうこんな立派な作品集をつくりあげてしまった。

紀州人というのは、むかしからそういうところがある。

付記したい。

前掲の文章を書いたあと、氏の労作である『元禄《げんろく》御畳奉行の日記』（中公新書）が出た。地味な本でありながら、驚異的な数字の読者がこれを読んだ。ベストセラーであってかつ古典になってながくのこることを予感させる本など、そう多くはない。

〔神坂次郎著『黒潮のろまん』序文、有馬書店、一九七一年九月〕

〔追記：神坂次郎著『黒潮の岸辺』解説に代えて、中公文庫、一九八五年六月〕

〈田辺聖子　作家　1928〜2019〉

田辺さんの三態（『田辺聖子長篇全集』）

田辺聖子さんは摂津《せっつ》の伊丹《いたみ》に住んでいる。

その伊丹に田辺さんを訪ねたことがある。

豊臣時代からの酒どころで、江戸期には文人墨客《ぶんじんぼっかく》の保護者が多かった町である。古い家並の軒下などを歩いていると、上質の織物をさわっているような寂《さ》びた風合《ふうあい》を感ずる。

まだ彼女がマンション住まいだったころのことである。

私は子供のころから他家を訪ねるのがにが手で、このときもあらかじめ電話で諒解《りょうかい》を得ていながら、いざベルを押すとなると、たじろいだ。

さほどの用でもないのに、彼女の時間をうばってしまうのである。それに見舞いといっても、いわばおわびで、数週間前、御夫妻をむりにひっぱり出して町で飲んだまではよかったが、その翌日から夫君が健康を害された。つまりは、病気見舞いだった。

「いいのよ、もうだいぶ」

と、あかるい応接室で、彼女が、空気のなかをまるく舞うような声でいわれたときは、いまはもう大阪では見当らなくなっている上等の御寮人《ごりょん》さんがそこにいるような感じがした。あとから知ったことだが、この時期、夫君の様子は決してよくはなかった。

私にとって田辺さんは『感傷旅行《センチメンタル・ジャーニィ》』以前の『花狩』からの読者のつもりでいる。そのうえ、なが年の近所友達のつもりでもいたのだが、この日の田辺さんの物やわらかな若刀自《とじ》といった威厳にはほれぼれするほどだった。

いつだったか、京都の座敷で飲んでいて、話が夫君やら私やらという大正うまれの人間についての論評になり、最後に、彼女は、いわば愛情をこめた足蹴《あしげ》でもって、

「大正生まれは浅葱裏《あさぎうら》。――」

と、一刀両断にされてしまった。このあざやかさに、やっつけられた当方が畳の上に笑いころげた。例えがどうかと思うが、吉原の大籬《おおまがき》の薄雲大夫かなんぞにやられたような贅《ぜい》沢《たく》な快感があった。

この日、田辺家の長椅子《ながいす》にはすでに先客があった。つまり彼女の眷族《けんぞく》の一人である市松人形の男の子がすわっていたのだが、逆上《あが》っている私はそれを尻《しり》に敷いて知らぬ顔でいた。彼女はやがて、大人の馬鹿《ばか》っぽさがわかる十二、三の少女のような表情になって、

「そのお尻の下。――」

と、小さな悲鳴をあげた。

〔『田辺聖子長篇全集 第八巻』月報、文藝春秋、一九八二年二月〕

開高健《かいこうたけし》への弔辞

〈開高健　作家　1930〜1989〉

大兄の病い篤《あつ》し、との報《し》らせを仄《ほの》かにうかがった朝、天から舞いこむようにして「文學界」所載「珠玉《しゅぎょく》」がとどき、吸いよせられるようにして読みました。第五八頁《ページ》、なにやら輪廻《りんね》のごとき思想的述懐がのべられているくだりにいたって奇《く》しくも訃報《ふほう》に接しました。大兄は、いかにも韜晦《とうかい》者らしくみずからの死に香煙を炷《く》ゆらせるべく「珠玉」を書きたるやと思ったりしました。

大兄とはいかにも縁うすきかかわりでありました。年齢において小生は七歳上、しかしながら小説を書きはじめた年歴においては、大兄が古く、七歳の上でありました。

地上における接点まことに淡かったことを悔まざるをえません。袂《たもと》を取って談笑する甘やかな仲ではなく、わずかに十余年前、ヴェトナムについて語りあったことと、大兄の最晩年、モンゴルについて語ったことがあるくらいでありました。

にもかかわらず、小生は、夫人牧羊子《まきようこ》さんの御指示によって、いま大兄の遺影の前に立っています。不幸ヲ見テハ郷党相集《アヒツド》フ。おそらく小生をもって郷里を代表する人間とすべく、祭主羊子夫人は小生をここに立たせているのでありましょう。

さらにいえば、小生をもって読者代表とすべくここに居《お》らしめているのでありましょう。

大兄とよばずに——三十余年の作品群と、それを創《つく》りだした魂の総称として——開高健とよびます。小生は、ゆるがない読者だと自分で思っています。

『日本三文オペラ』のころから気づいたのは、開高健における文体の掘削《くっさく》力というものでありました。大地に深く爪《つめ》を突き刺して掘りくずしてゆく巨大な土木機械を思わせるような文体の創造とその成長に驚くうち、やがて『夏の闇《やみ》』にいたって、特殊金属でできあがったようなその文体は、いよいよ妖怪《ようかい》のような力を見せました。ただし、「それほどの巨大な掘削機を必要とするほどの文学的主題が、日本のどこにあるのか」と、内心、私をうたがわせ、かつ驚かせました。そのとき思いあわせた一情景は、十九世紀末、二十世紀初めのアメリカのあたらしい文学的状況のことどもでありました。東部の中流家庭の母親が、イギリスの品のいい文学を娘たちに読ませているとき、西方の太平洋岸にあっては、たとえばジャック・ロンドンの削岩機のような文体が出現したようなものであり、あるいはそれよりあとの、走る牛をつかんで五つの指を突きさし、生肉をむしりとるような文体の持主たちが相次いで登場した時期のことどもでありました。

まことに『夏の闇』にあっては、たかだかとした掘削機のアームが、全編に動きまわっており、それはあきらかに開高健によって改造された日本語であり、この巨大すぎる掘削機が、掘るべき土壌——日本のことであります——が見あたらぬまま、架空に土壌をつくりあげて、掘削音を響かせ、土を舞いあげ、舞いおろしつづけていました。この信じがたい手間ひまのあげくにつくりあげられたのが『夏の闇』であり、名作という以上にあたらしい日本語世界であり、おそらく開高健はこの一作を頂点として大河になり、後世を流れつづけるでありましょう。

ここで、思いだすことがあります。

大兄に最後に会ったのは、一昨々年一九八七年十二月十一日、大阪のロイヤルホテルにおいてでありました。話題は、モンゴルについてでありました。大兄は、あの空漠たる大高原について語り、場所を一階のリーチ・バーに移したあとも語りつづけました。夜半、別れるときに、大兄は、はにかみをこめた笑顔で、「いま、小説を書こうとしている」と話しました。ただひとことでした。大兄と小生のあいだで、小説とか文学とかいう言葉が用いられたのは、このときただ一回きりで、それも二秒か三秒ほどのあいだだけでありました。小生は、不用意にも、大声で答えました。

「やめればいいのに」

大兄はすでに去るべく立ちあがっていました。両手で小生をおさえるように、「まあまあ」と言い、あとは、大兄の好きな言葉の一つである「放下《ほうげ》」したようないい笑顔をつくって、小生をすわらせたまま去りました。

「やめればいいのに」

ということばについて、小生は言い足りぬまま年をすごし、この場に立っています。いま、それを言い足さねばならないと思っています。

近代以後の日本の文学者が、西洋の小説を読み、読みおえてから小説を書きはじめたことは、いうまでもありません。ただ日本には「絶対」という思想、慣習、あるいは日常の気分がなかったということが、決定的に不利でありました。日本に存在しつづけてきたのは、すみずみまで相対的世界でした。神道《しんとう》、山々や谷々の神々、あるいは仏教という相対的世界を最初から是認した思想。山々や谷々の神々が神遊びをするように、神遊びとしての日本特有の私小説がうまれても、絶対という大うそを、つまり絶対という「神」――これは聖書の「神」のことですが――という思想、又は文学的思考――大文字の God と同じ次元での大文字のFiction——を中心にすえるという習慣は、日本においてはカケラもありませんでした。いうまでもありませんが、〝あの部分はフィクションです〟という意味の虚構ではありません。神が絶対なるごとく、同じ意味における絶対の虚構のことであります。むろん、絶対などは、この世にありはしません。宇宙にも、科学の中にも、存在しないのです。

　しかしある、と西洋人は、千数百年をかけて自分に言いきかせつづけました。絶対、大宇宙の神は存在する、うそではない、ということを、哲学として、神学として、論理をきわめ、修辞をきわめ、思弁のかぎりをつくして説きに説きつづけてきたのです。ヨーロッパの荘厳《そうごん》さというべきものであります。

　近代に入って、西洋において神が衰えたときに近代文学が興《おこ》りますが、絶対という大うそを包みこんで糸巻きに仕上げてゆくという方法においては、文学もまたそれを踏襲しました。神に代って、大文字のFictionを中心にすえることによって、さらにはそのFictionを、〝真実として、ある。アル・ナイ、という上にある〟というために、論理と修辞と人間描写のかぎりをつくして、文学という、あたらしい神学をはじめたのです。十九世紀のことであります。

大兄は、昭和三十三年、芥川賞を受賞した直後の感想文のなかで、何とも早熟にも、二十八歳で、東西のあいだによこたわるこの機微について、あきらかに感じていたようなふしがあります。『言葉の落葉』という随筆集を読みかえして、自分を――あるいは日本人を――知ることの確かさに驚かされるのです。

「……それは、私が精神的軟体動物であるからだ。言葉をささえるものが論理ではなく、イメージをささえるものが思想ではなく、いずれも感性的な、気分的なものであるからだ。そこに私は絶望的な日本人を感ずる」

まことに、近代文学は、十九世紀のヨーロッパが世界に贈った大いなる果実でありました。それが成《な》しえられたのは、おそらく作家それぞれが、「絶対」という神に代るべき虚構を、ためらいもなく主題の中央に据えることができたからでありましょう。

その「文明の志」を、開高健は、すでに神が、ヨーロッパにおいてさえあやふやになった二十世紀の後半において、みずからの作品の中心に据えるべく志したのです。そのことは、右の二十八歳の感想の中でうかがわせます。大いなる虚構には、大いなる文体が必要であります。

開高健は、ナマの日本語を素材にして、セラミックをつくるほどの高圧を加えたり、冶《や》金《きん》技術を施したり、化学処理をおこなったりして、ほとんど開高語ともいうべきスタイルをつくりあげました。地軸を掘りぬくほどの掘削力を持った稀有《けう》の文体ができあがったのですが、しかしながら、この土木機械をもって、どういう絶対と対決すべきかとなると、古代以来の汎神論《はんしんろん》的風土——日本のことです——にあっては、それにふさわしい土壌がないのです。おそらく開高健はほどなく気づいたでありましょう。

しかしながら開高健はそれを試したのです。その文学的営みの偉大さは、みずからを戦場にほうりこむことによって——『輝ける闇』のことですが——それを試し、さらには、この文体を用いるべき土壌を、架空に、人工的に、天地有情《うじょう》の中からコトバを掻《か》きあつめることによってつくりあげたことです。『輝ける闇』につづく『夏の闇』の作品としての稀少《きしょう》さと大きさは、そこにあるでしょう。平《ひら》たくいえば、『夏の闇』において「社会」そのものをつくったのです。そこに主題を設け、主題というしんに対し、実質感そのものの糸をもって巻きあげ、巻きつくしたのです。

ただし、『夏の闇』における主題は、さきにふれた西欧的絶対というものにはかかわらず、プラスもなくマイナスもなき東洋的ゼロというものでありました。ゼロ、空《くう》のことです。空《くう》に内臓を入れ、血を循環させ、体温をもたせ、粘液をしたたらせるというものが、『夏の闇』でありました。掘削用の土木機械はすでに解体され、虚空《こくう》から光と命あるコトバを吸いこんでくる吸収装置に変ったかのような観がありました。虚空から集められたコトバは高度の生命を創《つく》りあげたばかりか、本来、その中身は空《くう》であるために、プラスにあがろうともせず、マイナスに下《さが》ろうともせず、水準器の泡粒《あわつぶ》のように、慄《ふる》えながらも目盛の中心に居つづけるという運動――運動しないという運動――によって作品世界が展開されてゆきます。絶対を持たぬ日本的土壌においてむろん成功した文学的営みの例はたくさんあるにせよ、『夏の闇』は、まったくあたらしい地平――絶対のかわりに空《くう》を置くという地平――をきりひらいたものであります。

　精神にも、体力があるのです。『夏の闇』という、ことごとく架空、ことごとく真実といった小説的構築ができあがるには、大兄における四十歳前後という体力と気力が必要不可欠なものであります。

「やめればいいのに」

　と小生がいったときは、大兄はすでに五十代の後半になっていました。さらにいえば、『夏の闇』一作を書くだけで、天が開高健に与えた才能への返礼は十分以上ではないかと思われたのです。それほど小生は、『夏の闇』が気に入っていましたし、それを超えるものを書こうとするのはむだだろうと思ったのです。以上が、小生の言い足りなかったことどもです。

大兄が、かくもいそいで虚空に帰るなど、他の人々と同様、想像もできなかったところでありました。手術を受けられたときいても、大兄の潑剌《はつらつ》とした英気を信じ、ことさらに見舞状さえ書きませんでした。

大病を挟《はさ》んで、大兄は、チンギス汗《かん》の墓を見つけることに熱中していました。十三世紀のモンゴル帝国がその所在をくらましたはずの墓を、大兄はその目で見たいと思いいたったのです。

ご存じのように、騎馬民族は、その死にあたっては薄く葬《ほうむ》ります。漢民族のように、死後、その魂が地下で生活するとは思わず、魂はなきがらをすてて天に帰ると信じられてきました。このため、薄く葬り、とくにチンギス汗の場合、世界帝国の威厳に賭《か》けて、その跡がくらまされたのです。

そのことについて、大兄は退院後、二度も手紙をくれました。

一方、私のほうは、チンギス汗の墓が見つかるなど、思ってもいませんでしたし、いまでもそうであります。しかしながら大兄は、あるいは開高健は、その世界を完結させるためにそれが必要だったのでありましょう。ここで、仰ぐようにして思うのは、開高健的世界のことであります。半生かかって造りあげられたその人工の世界に、チンギス汗の墓は、たとえばステンド・グラスの一枚としてでも必要だったのでありましょう。チンギス汗の墓が、あるや無しやの存在であればこそ、大兄にとっていよいよ固執すべきものだったのです。その人工的な世界には、ヴェトナムがあり、戦場の死体があり、グルメ的崇物主義があり、マグナム瓶のワインがあり、また知的ではちきれるように烈《はげ》しい自己主張をもちながら、死体のように自己を諦《あきら》めきった饒舌《じょうぜつ》の美女があり、さらには中部ヨーロッパの都市の汚ない露地の奥の酒場があります。そのようにして、地球最大の高原のどこかに眠っているチンギス汗の墓も、大兄にあってはそうあるべきだったのです。

大兄は、架空の世界創造者でした。世界を創ったといわれるゴッドとおなじように大兄にとっても世界を創造するために、ロンドンの屋台の食べものと同じ必要さでチンギス汗の墓が必要だったのでしょう。むろん、そのことは、小説を書くにあたって、まず世界を、つまり土壌をつくることからはじめるという大兄の文学的手法のために必要でありました。その創られた世界は、最後には開高健的文体である土木機械でもって打ちこわされるべき運命にありましたが、打ちこわし了《お》えられたあとの景観として、ゴビ砂漠がなによりも似つかわしい世界だったのでしょう。あそこは、大兄にとって、父母未生《みしょう》のふるさとであったかのような印象があります。

すでにわれわれは虚空の中にいます。大兄も、大兄の前にいる小生も、世界が創《はじま》って以来、空《くう》のなかにいるのです。いま大兄こそ真の空《くう》のなかにいて、前に立っている小生は、空《くう》といういきものの皮をかぶっている仮りの姿にすぎず、その差は、夏の道を歩んでゆく昆虫と、その昆虫の点々たる影というだけにすぎません。

　去年、大兄は、内臓の一部を切りとったあと、わずかに小康を得た時間のなかで、「珠玉」を書きました。

　もはや、この最後の作品においては、得らるべくもない「絶対」へのあこがれや疑心暗鬼は消滅し、それを掘削するために必要だった土木機械は、かすかなエンジン音をたてているだけで休止しています。作品のなかのことごとくの情景に降りそそいでいる光は、かつての作品の中の太陽ではなく、空《くう》のなかにふりおちてゆく陰翳《いんえい》なき寂光だけであります。主題が、『夏の闇』以上に空《くう》であるからには、登場してくる老いた医師も、物わかりのよすぎる中国料理店主も、そして開高健にとって永遠の女性である——おそらく牧羊子さんがその原形でありましょう——阿佐緒《あさお》という女性も、開高的文体によってなまなましく描かれれば描かれるほど、空《くう》の形の変じたものであることを読者に勘づかせます。

　情景はことごとく大兄がかつて遍歴した町々や山峡《やまあい》や戦場であります。それらが、故郷《ふるさと》に帰る六部《ろくぶ》の目にうつる情景のように巡りゆき、最後に作中の主人公らしい人物が、女に対し、自分は生身《なまみ》ではなく、空《くう》である、と正体を明かすようにして終わるのです。能に似ています。あるいは「大乗経典」に似ているかもしれません。もし「大乗経典」なら、ここで散華《さんげ》を降らせ、オマージュをとなえるところでありましょうが、開高健の空《くう》は、それよりも数世紀古い、原始仏教のなかの容赦会釈《えしゃく》もなき空《くう》であるかのようです。

いずれにせよ、開高健は、「珠玉」によって、みずからの生を送り、みずからの葬儀をしつらえ、みずから声明《しょうみょう》梵唄《ぼんばい》をとなえたのです。ここに、眷族《けんぞく》、友人、知己があつまることさえ、「珠玉」の前にあっては、無用の俗事のようにおもえるほどです。

中国の古い時代の禅僧が、山の中に住み、その山房があまりに粗末であるために——現実はそういうものです——吹きこんでくる雪や霰《あられ》、その霰が板の床の上に散る姿をみて、真珠だ、とよろこんだといいます。大兄の文学も、その生涯も、吹きこんでくる霰のように、山中の禅僧が散霰を真珠に見たてたように、かぎりなく美しいものでありました。

それにしても大兄は——言いすてるようですが——変った人といわざるをえません。何とも、小生は大兄のような人を、歴史の中でも、この浮世《うきよ》においても、見たことがないような気がします。

まことに空《くう》というものは、いいものであります。キリスト教のような霊魂は存在せず、空《くう》の考え方にあっては、死者とよばれる大兄はこの会場にあまねく存在し、目の前の花でもあり、空気でもあり、われわれ自身でもあります。

以上、「珠玉」を読んだ余韻のなかで。

〔弔辞　一九九〇年一月一二日／「文學界」一九九〇年三月号〕

〈井上博道　写真家　1931〜2012〉

隠れた仏たち（井上博道写真集『隠れた仏たち』）

井上博道氏がうまれて育ったのは、日本海に面した但馬《たじま》の禅寺である。父君は禅家ながら、絵を描く人でもあった。

唐突だが、中国人が太極拳をするときに、そのあたりの一幹《ひともと》の樹木をえらんで対《むか》いあっている。このことは、樹《き》の生命力と対峙《たいじ》するという、老荘もしくは中国禅（この両者はよく似通っている）の思想から出ているはずのものだが、父君の臨済禅もこれと通じるものがある。あるとき、父君は樹の幹を描こうとして日々対峙し、日々精根が尽き、樹の生命力のゆゆしさを知ったという。

この話を持ちだしたのは、井上博道氏の芸術は、右のゆゆしさを知ったところから出発していると思われるからである。

私と井上博道氏のつきあいは、三十余年になる。当時、氏は僧職をつぐべく京都の龍《りゅう》谷《こく》大学に在学中の学生で、光と影が創《つく》りだす写真というものの根源的なふしぎさに熱中していた。

昭和二十年代の中ごろのことで、日本そのものが空腹に襤褸《ぼろ》をまとったような時代だった。私は、当時、新聞社につとめていて、大学と宗教をうけもっていたが、この時期に知りあった数人の学生たち（といっても私とさほどに齢《とし》がかわらない）と、いまなおつきあいをつづけている。井上博道氏はそのなかでもっともすぐれたひとである。すでにそのころから風丰《ふうぼう》そのものに光彩があった。写真のほうも、いくつかのコンテストに入選していたが、どの作品も、光と影の中間の揺曳《ようえい》の奥に哲学性を感じさせるもので、その後のこの人の世界展開を予知させるきらびやかな細片が多量にふくまれていた。かれが私のつとめている大阪の新聞社に入ったとき、私は文化面をつくるしごとをしていた。そのころ、私は、文化面というものは、とびぬけた写真がなければ、いかに活字のなかに内容があっても、ドレスアップしないお嬢さんと似ていると思っていた。

しかしつねにそういう写真が手に入るわけでなく、いつも途方に暮れていた。私は、ガンダーラや北魏《ほくぎ》などの仏像よりも、日本の仏像の端正さがすきなのだが、しかし仏師が張りつめて刻んだそれらのなかに、ふと気をゆるめて作った人間的な部分があるに相違ない、とおもった。

たとえば、東大寺戒壇院の持国天はすぐれた塑像《そぞう》である。しかしこの等身大の四天王の一将が足もとで踏みつけている邪鬼はわずか三十センチの小さなもので、ひとの目につきにくい。ところが、持国天の足の下でひしゃげているその体や顔をしみじみ眺めていると、苦痛に耐えかねて叫んでいるような、そのくせ肚《はら》の中で自分のお役目のばからしさを嗤《わら》っているような、なんとも奇態で人間くさい感じがしてくる。

　天邪鬼《あまのじゃく》は、持国天をひきたたせるための脇役《わきやく》にすぎない。彫刻にかぎらず、建築にも庭園にも、こういう脇役たちによって美や聖の主題が成立しているのだが、脇役だけを見つめてその完結した美を感じとることができまいかと考えた。私は写真部に行って部長の諒解《りょうかい》を得、井上博道氏に話してこれについて専従してもらうことにした。私が考えたのはヒントであるにすぎなかった。ただ、そういう世界に美しさを探索し、感受性のなかで物がはじけるような音とともにそれを発見し、その発見を拡大してあらたな美の分野として再構築できる写真家は、おそらく日本中をさがしても、井上博道氏しかいなかったろうということを、当時も思い、いまも思っている。

　当時の井上博道氏は、写真をとるだけでなく、職種としての私がなすべきことの九割以上を一人でやってくれた。かれ自身がひとりで歩き、ひとりでさがし、しまいには、そのつどの執筆者までかれ自身がやった。私がやったことといえば「美の脇役」というタイトルをつけただけであった。

やがて『美の脇役』は、昭和三十六年に淡交新社から刊行され、井上博道氏の代表作のひとつになった。

その後、かれは、『邪鬼の性』（淡交新社）、『石との対話』（同）、『羅漢』（同）、『不動の怒』（同）などで、境地をふかめた。

境地だけでなく、ヴラマンクの絵を思わせるような独特の粘液的な膚質が、かれの画面の密度をつくりあげるようになった。光と影の操作を超えて、生物のように画面がうごくようになり、とくに仏像の場合、遠い過去の仏師がかれによって再誕し、刻んだときの心まで写し出されるばかりか、仏像が闇《やみ》の中からはっきりと動いてくる瞬間をしばしば持つようになった。

かれは、他人にそのことを明かしたことがないが、想像するに、美が、生身《しょうじん》になって歩いてくるまで写真を撮ろうとはしないのではないかと思われる。その瞬間がかならず訪れることを信じて静かに仕事をしている様子を、私は十数年、わきから窺《うかが》いつづけてきた。

仏たちにも、ふしぎに俗世でさわがれる仏と、無名のまま山村の闇に溶けている仏とがある。無名仏のなかで聖と美を秘めているたたずまいをかれは山坂を越えて訪ね、朽ちた堂のなかでうずくまって、その仏たちが、虚空《こくう》に絶対の生身として動くのを待っている。どうやらそのように思われる。

この行《ぎょう》のような仕事のために、かれはおびただしい浮世の時間をついやしてきた。ただ、山中でそういう仏にめぐりあったとき、かれ自身が瞬時でも虚空の絶対的時間に入るらしく、それだけをめあてに歩き、かつは自分の生き方として生きつづけてきた。とくにここ数年、俗世から虚空への往来をかれはくりかえしてきたのではないか。

この『隠れた仏たち』は、すでに私ども友人のうかがえぬ境域に達した自身の心を象《かたち》にしたものかのようである。写真という世の尋常《つね》の芸術表現を超えて、私どもがはじめて見る世界を展《ひら》いてみせてくれているような気がするのは、決して筆者ひとりではあるまい。たとえば、仏たちの頬の木目に三千の仏を感じさせる写真作品に、私どもはこの世でしばしば接することができるというようなものではないのである。

〔井上博道写真集『隠れた仏たち』別冊解説、学生社、一九八一年一一月〕

小田実《まこと》との出会い

〈小田実　作家・評論家　1932〜2007〉

私は小田実氏とは、早い時期に出会える幸運を得た。十五年ばかり前、出不精の私を憐《あわ》れんで、かれのほうから、大阪の西長堀のアパートまで出むいてきてくれたのである。話題は日本人の思想の中にどれほど海洋が入っているかということだった。近代の成立前後では、当然ながら坂本竜馬の海援隊を考えねばならない。そのころ、私は竜馬というのはどういう人間だったのかということで考えあぐねていた。夢の中で、それにちなむ質問を、竜馬と同時代の人物に発しているといった珍妙なこともあった。唐突だが、ハンガリー動乱のときにブダペスト大学の学生指導者で、首に懸賞金をつけられたままフランスやアメリカ、あるいは日本にというぐあいに、各国の奨学金をとりながら転々と亡命していた青年（いまは初老）がいて、京都でかれと知りあった。竜馬というのはこういう男だったかと思ったりしたが、小田氏と海の話をしているうちに、おやおやと思った。このおやおやはその後もつづき、いまも私の中で生きている。

そのときの小田氏は、安物の藍色《あいいろ》のデコラの卓子のむこうにあぐらをかいていて、長い背中を卓子の中心にむかって傾けて、片ひじをついている。大きなあご、無愛想な面構え《つらがまえ》、どうみても主人持ちの人体《にんてい》ではない。ひとの話を片頬で聞き流しているかと思うと、ときに強烈な好奇心を示し、こちらがたじろぐほどに両眼を光らせてくる。この眼光が地を舐《な》めてひとり歩きしているようで、そのくせに、自己顕示欲や自己愛という生臭いものがまったくといっていいほど見られない。

かれの書くものは、それ以前から愛読していた。会うにおよんで、作品からなおはみ出ている多量で多種な質量を見てしまったような気がする。大きな作家というものは多くの場合、そうであるような気がする。竜馬は芸術的資質の豊潤な人物であったが、しかしかれ自身、そのすぐれた書簡以外に遺《のこ》さなかったために、小田氏と較《くら》べるわけにはゆかない。ただどちらも日本人の類型から遠い場所で華やいだ個を確立させているという点で、眺めている当方は、つねに奇妙な想《おも》いを持たされる。

〔司馬・小田共著『天下大乱を生きる』序文、潮出版社、一九七七年四月〕

井上ひさし氏のユーモアについての管見《かんけん》

〈井上ひさし　作家・劇作家　1934～2010〉

江戸の下町の倫理文化——日本での稀少《きしょう》な市民文化——のなかでもっとも大事な特徴のひとつは、自他のけじめのやかましさである。むろん、自分を卑下《ひげ》している。その卑下も、美的でなければならないし、やかましさも、自分の側に対するものでなければならない。

　ひと様の体に触れてはいけないから、たとえば電車のなかでもできるだけ隅にすわり、身を小さくして他者との間隔が一ミリでも空《あ》くようにしている。ガラあきの電車の座席でも、同じようにしている。二十年ばかり前、まれにそういう人を電車の中で見かけることがあった。そのときは歎《たん》じ入るような思いで、これは東京にしかいない人だ、と思ったりした。

　井上ひさし氏は、そういう人である。

氏は東北のうまれで、『汚点』の言い方を借りると「山形県の南部の小さい町で暮らしていた」から、下町育ちではない。

しかし電車の中で大股《おおまた》をひらいていたり、自己を美しくする訓練をすこしもしようとしない噺家《はなしか》たちが江戸落語を喋《しゃべ》っているこんにちの田舎じみた東京でいえば、氏の稀少性は目のさめるような印象がある。繰りかえしいうが、以上のことは様《さま》をいっているのではなく、その奥のモラルについてのべている。

このような印象を氏からうけるのは、この人のもともとの稟質《ひんしつ》かもしれないし、擬態かもしれず、あるいはその入りまじったものかもしれない。このあたりの窺《うかが》いにくさは氏におけるもっともしたたかで、もっとも晦渋《かいじゅう》な部分だが、氏のユーモアの油圧装置はこの部分にもひそんでいるとおもわれる。

氏は、東北ということをしきりにいう（ついには東北のある一角が、日本から独立する長編小説『吉里吉里人《きりきりじん》』まで書いている）。そのような氏の文章から想像して、氏の場合の東北は地理的呼称というよりも、多分に文化（言葉、身ごなし、暮らし方、さらには土俗としての精神性）をさしているらしい。

この消息について、

（ああそういう構造か）

と、私は氏の用語におけるこの部分の意味が、鮮明にわかった瞬間がある。

京都と丹波《たんば》の山境いの花背《はなせ》という山中の宿でたがいの東北観を語りあっていたとき、私は会津を話題にもちだした。よく知られるように会津は福島県の広大な稲作地帯で、古代から中央文化を受容し、江戸期では会津藩という、諸藩のなかでも知的水準のたかい藩が一貫して所在した。その話題が出たとき、氏は「ア」と小さく叫んで、

「会津は東北じゃないんです」

と、切りすててしまった。氏の文化意識のなかでの東北というものがどんなものかがこの一事でもわかるし、それに対して氏がいかにつよく自己同一化しているかもうかがえるし、同時に会津なんて上等なものはどこかへ婿《むこ》として呉《く》れてやるといった感じの語感から、白い夏雲が湧《わ》きあがるようなユーモアをも感じさせられるのである。げんに私はころがって笑ってしまった。

氏は年少のころから青春期までに二度、痛烈な文化衝撃《カルチュア・ショック》をうけた。自伝的作品かと思われる『汚点』では、氏は弟と一緒に宮城県の孤児院に入れられる。氏の髄液をつくりあげてゆく重要な課題のことはここでは触れない。このカトリック系の環境は、兄弟が共有している「山形県の南部の小さな町」の暮らしの文化とはまったくちがったものであり、生活をあげて一種の西洋の文化を体験させられてしまったものと考えていい。ついでながら、なまの氏やあるいはその作品にかおっている上等の酪漿《らくしょう》のにおいは、この時期に経

た世界と無縁ではない。

ともかくも、兄弟が母親とともにくるまってきたかつての文化は、あたらしい文化の受容のなかで傷だらけにならざるをえず、さらには傷をうけるたびにユーモアという高度な狡智《こうち》で傷を癒《いや》し、一方では傷の深さと場所を自分に対して明らかにするという無意識に近い作業をしつづけるのである。

次いで上京がある。この上京は学生生活を送るためで、そのこと自体、明治以来日本の多くの青年が経験してきたことと外見はかわらない。が、氏の場合、自分自身を異物として相手にも異物反応をおこさせたいという余裕がでてきた。さらには相手から文化衝撃《カルチュア・ショック》をうけたいという嗜虐《しぎゃく》的な気持も濃厚であった。相手を「中央」としてとらえず「文化」としてとらえたのは金沢から出てきた泉鏡花もそうであったが、井上氏の場合のほうがよりしたたかで、より複雑であり、極端にいえば両性的であった。

相手とは、文化文政以来持ちつづけているはずの江戸の都市文化というものである。そんなものが遺《のこ》っているはずがないといえばそうだが、井上氏の天稟《てんぴん》としての感受性と、以上のべたことどものために過敏なほどになっている氏の文化意識によって、なにごとかが隠微ながら見えたり匂《にお》ったりしてくるものらしい。たとえば町内の幼な友達らが町内に住みっきりのまま老いて、いまでも何ちゃんとよびあってときどき集まっている。氏がそういう集まりにまぎれこんだとき、飛び交《か》っている無意味な言葉のなかから都市的な浮世や、磨きのかかった人生への軽み、独特のにおいを持った諦観《ていかん》というものを感じとったりするのである。

そういう感受性や文化意識は、学生時代、浅草の大衆演劇で照明のアルバイトをしたりするうちにより感光度を高めたが、それ以上にすこし仔細《しさい》めかしい年齢になってから、夫人や夫人の両親またはその縁者のひとびとから受けた文化衝撃《カルチュア・ショック》は大きかったにちがいない。

そのような意味では——以下きわめて珍妙なことをいうようだが——氏はいまのくらしの中に、文化的には貰《もら》われっ子として仮りに住みついているようなものなのである。たとえばこの稀少な文化文政的江戸人は、東北の草莽《そうもう》にいる人間としてふるまう。

一時期、キャンベラの大学の構内で住んでいたときもそうであった。原住民のアボリジニを見るときは自分をそれと似た種族として規定してしまう（氏にとっては東北人は少数民族のイメージなのである。このことは多分にユーモアとして理解されねばならないが）。大学構内の宿舎に、役所の人が無害な調査にきたときも、氏は調査表の作り方に多数民族のおごりを感じとってしまう。それについて調査員をつかまえて怒るのだが、相手が、たまりかねて、それではあなたは何という人種に属するか、ときいた。氏は窮せざるをえなかった。

　氏の場合は、自己の規定に誠実なために窮するのである。「日本人」と答えればいいのだが、それは自己について誠実な答え方ではない。誠実とユーモアは背と腹の関係だが、ともかくも「日本人」というのは国籍欄での呼称で人種欄の呼称ではない、と氏は思う。日本人はモンゴリアンであるといわれる。すると、東北人は何人種か、と自問する。やがて、

「私は北方蒙古《もうこ》系の東北人である……」

　と返事したために相手は仰天して逃げてしまうのだが、このことは存在として凄惨《せいさん》なほどのユーモアであるといっていい。

　前記花背の宿で朝食を終えたあと、夫人は私のほうをむいて、

「あの人は、年をとってから、いつかは東北へ帰ってゆくと思いますよ」

　と、真顔でいわれた。

　いわれている当人は、ふすまのそばにうずくまり、畳の上の新聞を舐《な》めるようにして読んでいる。夫人の言葉がきこえているのかいないのか、無器用な熊《くま》のようにうずくまっていた。きこえていないらしかった。

　そういう氏を見ているうちに、本当に老後に東北の草むらの中に帰ってゆくような感じ

がして、その後ろ姿まで見えてきてしまった。

むろんこの場合の東北は現実の地理的呼称ではなく、氏の独特の文化意識のなかで陽炎《かげろ》いだつところの、見えざる大地であるかもしれない。この朝、氏はジャンパーを着ていた。横ざまになっているその大きな背がまぎれもない実在であるのに、ふと内心哄笑《こうしょう》している狡猾《こうかつ》な老人の擬態のように見え、ともかくもこの人の作品を一生読みつづけなければどれが擬態でどれが本態なのか、そのあやめがわからないのではないかと思ったりした。

〔「ユリイカ」青土社、一九七九年五月号〕

〈近藤紘一　ジャーナリスト・作家　1940〜1986〉

並みはずれた愛——柩《ひつぎ》の前で

近藤紘一《こういち》君、生死というのは仮りの姿でしかありません。私は、死が、私どもと君を隔てたとは思っていません。君は永遠というきわまりのない世界に入って、私ども卑小なる地上の者どものまわりに、満ち満ちています。

しかし、ただ一つの不満は、君にもう会えないということです。君は、われわれのまわりに遍《あまね》く存在していながら、私どもは、類《たぐ》いまれな精神をもった君を、もはや、五感で感ずることができないのです。

君との想《おも》い出の中に、一九七三年、昭和四十八年四月のサイゴンの熱い陽《ひ》射《ざ》しがあります。

あの、フライパンの上に人間たちを載せたようなかりそめの国の中で、君が、ピアノ線のようにはりつめた緊張を持続しつつ、市場を歩き、戦場を歩き、いつも斧《おの》のように鋭い貌《かお》をしていたことを終生わすれることができません。おそらくそういう君に毎日接していたこの席の古森《こもり》義久氏や友田錫《せき》氏も同様の思いでありましょう。

君はすぐれた新聞記者でありましたが、しかし新聞記者がもつあのちっぽけな競争心や、おぞましい雷同性を、君はできるだけ少く持つようにつとめていました。雷同性にいたっては、天性これを持たなかったのではないかと思います。競争心、功名心、そして雷同性というこの卑《いや》しむべき三つの悪《あ》しき、そして必要とされる職業上の徳目を持たずして、しかも君は、記念碑的な、あるいは英雄的な記者として存在していました。それは、稀有《けう》なことでした。

君はすぐれた叡智《えいち》のほかに、並みはずれて量の多い愛というものを、生まれつきのものとして持っておりました。他人の傷《いた》みを十倍ほどにも感じてしまうという君の尋常ならなさに、私はしばしば荘厳《そうごん》な思いを持ちました。そこにいる人々が、見ず知らずのエスキモー人であれ、ベトナム人であれ、何人であれ、かれらがけなげに生きているということそのものに、つまりは存在そのものに、あるいは生そのものに、鋭い傷みとあふれるような愛と、駈《か》けよってつい抱きおこして自分の身ぐるみを与えてしまいたいという並みはずれた惻隠《そくいん》の情というものを、君は多量にもっていました。それは、生きることが苦しいほどの量でありました。

君の卓越した知性と、君の文学的才能からくるユーモアの感覚が、その愛を統御していなかったとしたら、愛という内圧は、精神というボイラーの殻《から》を、ボディを、こわしていたかもしれません。天はまれに、愛の多量な人を生みます。むかしユダヤの地のナザレの村にうまれたイエスという若者も、そういう人であったと思います。

私どもは、ずるく生きているのです。もともと普通なみの愛は、決して精神の内部で、内圧として高まろうとはしないのです。世間という外気圧に対しずるく調和させて、プラス・マイナスゼロになって生きています。天が選んで、あるいは天が気まぐれに造ってしまった愛多き——その意味では千万人に一人の——精神は、愛の絶えざる内圧の高さに自らが苦しみ、憤《いきどお》り、ついには肉体の細胞の平均的なリズムを破って、みずからの肉体を食いやぶってしまう。私は君の死を、また君の生前の健康状態のわるさを、つねに君の中にある愛と結びつけて理解し、悲しみ、しかしながら、凡俗にとっては手の施しようのないものだと思って、見、眺めてきました。

君は、私にとって、尊敬する以外に、どうしてやりようもない存在でした。イエスが十字架にかかるのを、手をこまぬいて見つめていざるをえなかった当時のひとびとを、私はこの斎場で、自分たちとして思いださざるをえないのです。

近藤君、私はすでに、君が一九七三年のサイゴンで、斧のように鋭い顔をして歩いていた、と述べました。

この鋭さは、何だろう、と私は考えこみました。それがやがて、愛の尖端《せんたん》が斧の刃の形になっているのだ、と知ったとき、私には大きなよろこびでした。この世にこんな人がいたのだ、という、そういうよろこびでした。君には理解して貰《もら》えないほどの大きなよろこびでした。同時に、こういう大きな愛の水甕《みずがめ》を持った人は、生きるのにつらいだろうな、と傷《いた》ましく思いました。

このように、私は君を右のように理解できたおかげで、以後、君の書くあらゆるものを、そういう目で読むことができるようになりました。

たとえば、君が出版社から頼まれるままに、翻訳したアメリカのピカレスク小説がありますが、さまざまな色のガラスの破片のようなコトバにいたるまで、息づいた言語の、みごとな日本語に移し替えられていました。ピカレスクにさえ、君の愛の形を変えた破片のむれが、言語としていきいきと跳びはねていました。そのときの印象は、才能という以上に大きな何物かを感じたのです。私の君への尊敬心は、君の書きものを読むつど、深まりました。

同時に、私は、かつて、君と同じ会社にいたことを誇らしく思いました。君という存在によって、私は自分の過去の十三年間を名誉に思うようになったのです。こういう錯覚じみた言い方が、自然にできるのは、われながら滑稽《こっけい》なほどでありますが。

近藤君、君というのは、そういう錯覚の名誉を私に感じさせるふしぎな存在でした。君はすぐれた才能をもっていましたが、くりかえすように、君自身は才能以上の存在でした。

近藤君、君はジャーナリストとしてその意味において不世出の人でした。世界を人間の場としてとらえました。たれもが出来そうで、しかしながら、めったにそれをなしえた人を見ないのが、世界を人間の場としてとらえるという、ごく平凡なことなのです。君以外の人でそれができた人が何人あるのか、すぐさま想いだすのが困難です。

何年か前、君と、大阪の高層ビルの高層階の食堂で食事をしました。私は、たまたまカムラン湾がソ連の軍事基地になったらしい、というと、君は激しい音とともにナイフを落とし、

「何のために、あれだけのベトナム人が死んだんです」

と叫びました。あとはおだやかになり、失礼しました、と詫《わ》びました。

なんという愛でしょう。

以下はつまらない想い出です。

君のサイゴンにおけるオフィスの棚の上に、お飾りのようにして、四〇ミリの機関砲の不発弾が一個おかれていました。駄菓子のような色に塗られていて、ふと小型のペンギンに見えたりもしました。少年の感受性を多量に残していた君はこの物体を、思想抜きで、つまり砲弾であることは抜きにして、オブジェとして可愛《かわい》がっているようでした。

そういうあたりまで、君の感受性の世界でした。荒々しい砲弾までが、君のそばにいると、独特の世界をつくりあげるモチーフの一つになっていました。

ただ、信管が抜かれていないのです。いつどういうはずみで爆発するかわからず、見かねて、捨ててしまえよ、と繰りかえし忠告しましたが、君は笑ってとり合いませんでした。

「いつか君の体をすっ飛ばすぞ」

とおどしましたが、君は、いいんですよ、と言いつづけました。時限爆弾とまではいいませんが、いつ爆発するかわからない物のそばにいるというのは、君の内圧の高い精神にとっては、むしろ慰めになったのかもしれません。

君は、緊張の高い生活をつづけました。バンコックの支局長時代は、体温が七度まであがり、それが平熱として固定しました。おそらく、疲労にもよる変調でした。ボーン賞をもらった「私は生き残った」という連載の取材による疲労だということは、私にはよくわかっていました。七度に昇ってしまった高い平熱は、君の肉体を休めることなく、炎をもやしつづけるようにして、内側から食いつぶして行きはじめたのだと思います。

その時期、バンコックからの電話で、「体が、なんともいえず疲れている。つらい」ということばを、君の口からはじめてききました。

東南アジアでの永い期間の君の活動は、日本のジャーナリズムに大きな刺激をあたえ、多くの賞讃が君に集まりましたが、そのぶん、君の健康は消耗をかさねはじめました。君にとっての休息は、むしろ、小説を書くことでした。「仏陀《ぶっだ》を買う」というのは、独特な文体で書かれた作品で、将来、日本の文学に大きなものを加えるだろうという予感を、私どもに虹《にじ》のように抱かせた作品でありました。

君の病床でのことは、たえず、誰かが私どもに報《し》らせてくれました。友田錫、相川二元、太田治子《はるこ》の諸氏でありました。亡《な》くなられる数日前まで病室に通ってくる文藝春秋の新井信氏を相手に、こんど出る作品集の手を入れるしごとをつづけていたときいています。

文学においては、君は、新しい開花を万人に予感させつつ、花を十分に見せてくれることなしに、我々を残して天に去ってしまったのです。

たれを惜しむといっても、近藤紘一君、大きな才能を抱きながら、地を蹴《け》って昇天してしまった君を惜しみます。才能とのかねあいにおいて、そんな贅沢《ぜいたく》な人は、私の生涯の中で、君以外にないのです。

今後の私どもは、君が残した精神のリズムを忘れずに生きてゆくしかないのです。

同時にこれは、私どもの大きな遺産だと思っています。君の精神とその仕事、さらには君の一顰一笑《いっぴんいっしょう》から片言隻句《へんげんせっく》まで憶《おぼ》えつづけてゆくことが、私ども、君によって友人の仲間に入れて貰《もら》った者の、大きな財産だと思います。

近藤紘一君　ありがとう。

無限の感謝をこめつつ

昭和六十一年一月二十九日　新宿・南蔵院の霊前にて

〔弔辞　一九八六年一月二九日／近藤紘一著『目撃者』序文、文藝春秋、一九八七年一月〕

付記

一、本書は司馬遼太郎が遺したエッセイのうち、同時代の人物（一八八八年〜一九四〇年生まれ）をテーマとする作品五十五篇を収録したものである。

二、底本には『司馬遼太郎が考えたこと』（全十五巻、新潮文庫、二〇〇五年一月〜二〇〇六年二月）を用い、あわせて左記一覧の文庫版を適宜参照した。

三、作品は、テーマとなった人物の出生順に配列し、各タイトルの前に、その人物の名前、主な活動分野、生没年を〈 〉で注記した。

四、各作品の本文のあとに、初出の紙誌名あるいは書名、および発行所名（新聞、雑誌の場合は一部省略）と発行年月（新聞、週刊誌の場合は年月日）を〔 〕で注記した。

刊記

敦煌学の先人　『古往今来』日本書籍、一九七九年九月／中公文庫、一九八三年三月

微光のなかの宇宙　『微光のなかの宇宙』〈限定本〉中央公論社、一九八四年三月／『微光のなかの宇宙』中央公論社、一九八八年五月／中公文庫、一九九一年一〇月

故子母沢寛さんの「人」と「作品」　『歴史の中の日本』中央公論社、一九七四年五月／中公文庫、一九七六年九月

不世出の創造力　『歴史の中の日本』中央公論社、一九七四年五月／中公文庫、一九七六年九月

あとがき（『古往今来』）　『古往今来』日本書籍、一九七九年九月／中公文庫、一九八三年三月

今東光氏の昭和三十年前後　『古往今来』日本書籍、一九七九年九月／中公文庫、一九八三年三月

平尾道雄史学の普遍性　『歴史の世界から』中央公論社、一九八〇年一一月／中公文庫、一九八三年六月

この人の含羞　『司馬遼太郎が考えたこと10』新潮社、二〇〇二年七月／新潮文庫、二〇〇五年九月

空に徹しぬいた偉大さ　『風塵抄』中央公論社、一九九一年一〇月／中公文庫、一九九四年七月

後世に遺るべきもの　『古往今来』日本書籍、一九七九年九月／中公文庫、一九八三年三月

海音寺潮五郎氏のこと　『歴史の世界から』中央公論社、一九八〇年一一月／中公文庫、一九八三年六月

本質うがち光源を発見　『司馬遼太郎が考えたこと11』新潮社、二〇〇二年八月／新潮文庫、二〇〇五年一〇月

結晶化された鴻儒　『司馬遼太郎が考えたこと10』新潮社、二〇〇二年七月／新潮文庫、二〇〇五年九月

貝塚茂樹『中国の古代国家』について　『歴史の世界から』中央公論社、一九八〇年一一月／中公文庫、一九八三年六月

世界像の造成者　『司馬遼太郎が考えたこと10』新潮社、二〇〇二年七月／新潮文庫、二〇〇五年九月

三岸節子の芸術　『微光のなかの宇宙』〈限定本〉中央公論社、一九八四年三月／『微光のなかの宇宙』中央公論社、一九八八年五月／中公文庫、一九九一年一〇月

花と人　『司馬遼太郎が考えたこと9』新潮社、二〇〇二年六月／新潮文庫、二〇〇五年八月

人間のゆゆしさ　『司馬遼太郎が考えたこと6』新潮社、二〇〇二年三月／新潮文庫、二〇〇五年五月

須田剋太氏の芸術と人間　『古往今来』日本書籍、一九七九年九月／中公文庫、一九八三

年三月

山本さんの律義　『ある運命について』中央公論社、一九八四年六月／中公文庫、一九八七年六月

思無邪　『司馬遼太郎が考えたこと15』新潮社、二〇〇二年一二月／新潮文庫、二〇〇六年二月

「宮本学」と私　『司馬遼太郎が考えたこと10』新潮社、二〇〇二年七月／新潮文庫、二〇〇五年九月

人と作品　『司馬遼太郎が考えたこと8』新潮社、二〇〇二年五月／新潮文庫、二〇〇五年七月

地球にひとりだけの人　『司馬遼太郎が考えたこと10』新潮社、二〇〇二年七月／新潮文庫、二〇〇五年九月

源氏さんの仁王　『司馬遼太郎が考えたこと2』新潮社、二〇〇一年一一月／新潮文庫、二〇〇五年一月

人中の花　『古往今来』日本書籍、一九七九年九月／中公文庫、一九八三年三月

充実した歳月　『司馬遼太郎が考えたこと15』新潮社、二〇〇二年一二月／新潮文庫、二〇〇六年二月

真如の人　『司馬遼太郎が考えたこと14』新潮社、二〇〇二年一一月／新潮文庫、二〇〇六年一月

顔　『司馬遼太郎が考えたこと2』新潮社、二〇〇一年一一月／新潮文庫、二〇〇五年一

月

アラベスク　『十六の話』中央公論社、一九九三年一〇月／中公文庫、一九九七年一月

モダン・町の絵師 中村真論　『司馬遼太郎が考えたこと1』新潮社、二〇〇一年九月／新潮文庫、二〇〇五年一月

安田章生氏を悼む　『古往今来』日本書籍、一九七九年九月／中公文庫、一九八三年三月

私どもの誇りである人として　『以下、無用のことながら』文藝春秋、二〇〇一年三月／文春文庫、二〇〇四年七月

八木一夫雑感　『微光のなかの宇宙』〈限定本〉中央公論社、一九八四年三月／『微光のなかの宇宙』中央公論社、一九八八年五月／中公文庫、一九九一年一〇月

高貴な少年　『司馬遼太郎が考えたこと14』新潮社、二〇〇二年一一月／新潮文庫、二〇〇六年一月

印象点々　『司馬遼太郎が考えたこと9』新潮社、二〇〇二年六月／新潮文庫、二〇〇五年八月

山田さんとアーサー・ウェイリー　『司馬遼太郎が考えたこと14』新潮社、二〇〇二年一一月／新潮文庫、二〇〇六年一月

大きな幸福　『司馬遼太郎が考えたこと14』新潮社、二〇〇二年一一月／新潮文庫、二〇〇六年一月

加藤九祚さんの学問と人間　『歴史の世界から』中央公論社、一九八〇年一一月／中公文庫、一九八三年六月

懐しさ　『世界のなかの日本』中央公論社、一九九二年四月／中公文庫、一九九六年一月

若いころの池波さん　『以下、無用のことながら』文藝春秋、二〇〇一年三月／文春文庫、二〇〇四年七月

わが愛する大阪野郎たち　『司馬遼太郎が考えたこと1』新潮社、二〇〇一年九月／新潮文庫、二〇〇五年一月

綱淵謙錠氏のこと　『古往今来』日本書籍、一九七九年九月／中公文庫、一九八三年三月

ふしぎな世界を構築した天才　『古往今来』日本書籍、一九七九年九月／中公文庫、一九八三年三月

異常な三島事件に接して

焦げたにおい　『古往今来』日本書籍、一九七九年九月／中公文庫、一九八三年三月

大いなる世界　『司馬遼太郎 全舞台』中央公論新社、二〇〇二年八月

苗代川でのこと　『司馬遼太郎が考えたこと8』新潮社、二〇〇二年五月／新潮文庫、二〇〇五年七月

神坂氏とこの作品集　『司馬遼太郎が考えたこと5』新潮社、二〇〇二年二月／新潮文庫、二〇〇五年四月

田辺さんの三態　文藝春秋編『女の華やぎ 田辺聖子の世界』文藝春秋、一九八六年五月／『司馬遼太郎が考えたこと11』新潮社、二〇〇二年八月／新潮文庫、二〇〇五年一〇月

開高健への弔辞　『十六の話』中央公論社、一九九三年一〇月／中公文庫、一九九七年一月

隠れた仏たち　『司馬遼太郎が考えたこと11』新潮社、二〇〇二年八月／新潮文庫、二〇〇五年一〇月
小田実との出会い　『司馬遼太郎が考えたこと9』新潮社、二〇〇二年六月／新潮文庫、二〇〇五年八月
井上ひさし氏のユーモアについての管見　『古往今来』日本書籍、一九七九年九月／中公文庫、一九八三年三月
並みはずれた愛　『以下、無用のことながら』文藝春秋、二〇〇一年三月／文春文庫、二〇〇四年七月

編集協力　司馬遼太郎記念財団

中公文庫

歴史《れきし》のなかの邂逅《かいこう》
——同時代篇《どうじだいへん》

2023年7月25日　初版発行

著　者　司馬《しば》遼太郎《りょうたろう》

発行者　安部順一

発行所　中央公論新社
〒100-8152　東京都千代田区大手町1-7-1
電話　販売 03-5299-1730　編集 03-5299-1890
URL https://www.chuko.co.jp/

DTP　ハンズ・ミケ
印　刷　三晃印刷
製　本　小泉製本

Published by CHUOKORON-SHINSHA, INC.
Printed in Japan　ISBN978-4-12-207392-0 C1195

い-35-18
にほん語観察ノート
井上ひさし
ふだんの言葉の中に隠れている日本語のひみつとは？「言葉の貯金がなにより楽しみ」という筆者のとっておき。持ち出し厳禁、言葉の見本帳。
204351-0

し-6-27
韃靼《だったん》疾風録（上）
司馬遼太郎
九州平戸島に漂着した韃靼公主を送って、謎多いその故国に赴く平戸武士桂庄助の前途に待ちかまえていたものは。東アジアの海陸に展開される雄大なロマン。
201771-9

し-6-28
韃靼疾風録（下）
司馬遼太郎
文明が衰退した明とそれに挑戦する女真との間に激しい攻防戦が始まった。韃靼公主アビアと平戸武士桂庄助を軸にした壮大な歴史ロマン。大佛次郎賞受賞作。
201772-6

し-6-29
微光のなかの宇宙　私の美術観
司馬遼太郎
密教美術、空海、八大山人、ゴッホ、須田国太郎、八木一夫、三岸節子、須田剋太――独自の世界形成に至る軌跡とその魅力を綴った珠玉の美術随想集。
201850-1

し-6-30
言い触らし団右衛門
司馬遼太郎
自己の能力を売りこむにはPRが大切と、売名に専念した塙団右衛門の悲喜こもごもの物語ほか、戦国豪傑を独自に描いた短篇集。〈解説〉加藤秀俊
201986-7

し-6-31
豊臣家の人々
司馬遼太郎
北ノ政所、淀殿など秀吉をめぐる多彩な人間像と栄華のあとを、研ぎすまされた史眼と躍動する筆でとらえた面白さ無類の歴史小説。〈解説〉山崎正和
202005-4

し-6-32
空海の風景（上）
司馬遼太郎
平安の巨人空海の思想と生涯、その時代風景を照射し、日本が生んだ人類普遍の天才の実像に迫る。構想十余年、司馬文学の記念碑的大作。芸術院恩賜賞受賞。
202076-4

し-6-33
空海の風景（下）
司馬遼太郎
大陸文明と日本文明の結びつきを達成した空海は哲学宗教文学教育、医療施薬、土木灌漑建築と八面六臂の活躍を続ける。その死の秘密もふくめ描く完結篇。
202077-1

各書目の下段の数字はISBNコードです。978－4－12が省略してあります。

し-6-34
歴史の世界から
司馬遼太郎
濃密な制作過程が生んだ、司馬文学の奥行きを堪能させるエッセイ集。日本を動かし、時代を支える人間の姿を活写しつつ、自在な発想で現代を考える。
202101-3

し-6-35
歴史の中の日本
司馬遼太郎
司馬文学の魅力を明かすエッセイ集。明晰な歴史観と豊かな創造力で、激動する歴史の流れと、多彩な人間像をとらえ、現代人の問題として解き明かす。
202103-7

し-6-36
風塵抄《ふうじんしょう》
司馬遼太郎
一九八六年から九一年まで、身近な話題とともに土地問題、解体したソ連の問題等、激しく動く現代世界と人間を省察。世間ばなしの中に「恒心」を語る珠玉随想集。
202111-2

し-6-56
風塵抄（二）
司馬遼太郎
一九九一年から九六年二月十二日付まで、現代社会を鋭く省察。二一世紀への痛切な思いと人びとの在りようを訴える。「司馬さんの手紙」（福島靖夫）併載。
203570-6

し-6-37
花の館《やかた》・鬼灯《ほおずき》
司馬遼太郎
応仁の乱前夜、欲望と怨念にもだえつつ救済を求めて彷徨する人たち。足利将軍義政を軸に、この世の正義とは何かを問う「花の館」など野心的戯曲二篇。
202154-9

し-6-38
ひとびとの跫音《あしおと》（上）
司馬遼太郎
正岡子規の詩心と情趣を受け継いだひとびとの豊饒にして清々しい人生を深い共感と愛惜をこめて刻む、司馬文学の核心をなす画期的長篇。読売文学賞受賞。
202242-3

し-6-39
ひとびとの跫音（下）
司馬遼太郎
正岡家の養子忠三郎ら、人生の達人といった風韻をもつひとびとの境涯を描く。「人間が生まれて死んでゆくという情趣」を織りなす名作。〈解説〉桶谷秀昭
202243-0

し-6-40
一夜官女
司馬遼太郎
「私のつきあっている歴史の精霊たちのなかでもいちばん気サクな連中に出てもらった」（「あとがき」より）。愛らしく豪気な戦国の男女が躍動する傑作集。
202311-6

し-6-41
ある運命について
司馬遼太郎

広瀬武夫、長沖一、藤田大佐や北条早雲、高田屋嘉兵衛――人間を愛してやまない著者がその足跡を歴史の中から掘り起こす随筆集。

202440-3

し-6-42
世界のなかの日本 十六世紀まで遡って見る
司馬遼太郎
ドナルド・キーン

近松や勝海舟、夏目漱石たち江戸・明治人のことばと文学、モラルと思想、世界との関りから日本人の特質を説き、世界の一員としての日本を考えてゆく。

202510-3

し-6-43
新選組血風録
司馬遼太郎

前髪の惣三郎、沖田総司、富山弥兵衛……幕末の大動乱期、剣に生き剣に死んでいった新選組隊士一人一人の哀歓を浮彫りにする。〈解説〉綱淵謙錠

202576-9

し-6-44
古往今来
司馬遼太郎

著者居住の地からはじまり、薩摩坊津や土佐檮原などのつやのある風土と人びと――「古」と「今」を自在に往来して、よき人に接しえた至福を伝える。

202618-6

し-6-45
長安から北京へ
司馬遼太郎

万暦帝の地下宮殿で、延安往還、洛陽の穴、北京の人々……。一九七五年、文化大革命直後の中国を訪ね、その巨大な過去と現在を見すえて文明の将来を思索。

202639-1

し-6-46
日本人と日本文化〈対談〉
司馬遼太郎
ドナルド・キーン

日本文化の誕生から日本人のモラルや美意識にいたる〈双方の体温で感じとった日本文化〉を縦横に語りあいながら、世界的視野で日本人の姿を見定める。

202664-3

し-6-47
人間の集団について ベトナムから考える
司馬遼太郎

一九七三年、戦火やまない南ベトナムで、人間と人間の集団について優しいまなざしで洞察する。知的刺激にみちた第一級の思想書。〈解説〉桑原武夫

202684-1

し-6-48
土地と日本人〈対談集〉
司馬遼太郎

土地問題が日本の最大の病根であることをいちはやく見抜き、憂いつつ逝った著者が、松下幸之助、野坂昭如氏らと解決の方途を探った警世の対談集。

202712-1

各書目の下段の数字はISBNコードです。978－4－12が省略してあります。

し-6-49
歴史の舞台 文明のさまざま
司馬遼太郎
憧憬のユーラシアの大草原に立って、宿年の関心であった遊牧文明の地と人々、歴史を語り、中国・朝鮮・日本を地球規模で考察する雄大なエッセイ集。
202735-0

し-6-50
人間について〈対談〉
司馬遼太郎
山村　雄一
人間を愛してやまない作家と医学者がそれぞれの場から自在に語りあう脳と心、女と男、生と死、宗教と国家……。創見と知的興奮にみちた人間探究の書。
202757-2

し-6-51
十六の話
司馬遼太郎
二十一世紀に生きる人びとに愛と思いをこめて遺す「歴史から学んだ人間の生き方の基本的なことども」。井筒俊彦氏との対談「二十世紀末の闇と光」を収録。
202775-6

し-6-52
日本語と日本人〈対談集〉
司馬遼太郎
井上ひさし、大野晋、徳川宗賢、多田道太郎、赤尾兜子、松原正毅氏との絶妙の語り合いで、〈実にややこしい言葉〉日本語と日本文化の大きな秘密に迫る。
202794-7

し-6-55
花咲ける上方武士道
司馬遼太郎
風雲急を告げる幕末、公家密偵使・少将高野則近の東海道東下り。大坂侍・百済ノ門兵衛と伊賀忍者を従えて、恋と冒険の傑作長篇。〈解説〉出久根達郎
203324-5

し-6-57
日本人の内と外〈対談〉
司馬遼太郎
山崎　正和
欧米はもちろん、アジアの他の国々とも異なる日本文化の独自性を歴史のなかに探り、「日本人」が国際社会で真に果たすべき役割について語り合う。
203806-6

し-6-59
司馬遼太郎
歴史歓談Ⅰ
日本人の原型を探る
司馬遼太郎 他著
出雲美人の話から空海、中世像、関ヶ原の戦いの人間模様まで。湯川秀樹、岡本太郎、森浩一、網野善彦氏らとの対談、座談で読む司馬遼太郎の日本通史。
204422-7

し-6-60
司馬遼太郎
歴史歓談Ⅱ
二十世紀末の闇と光
司馬遼太郎 他著
近世のお金の話、坂本龍馬、明治維新から東京五輪まで。日本の歴史を追い、未来を考える、大宅壮一、三島由紀夫、桑原武夫氏らとの対談、座談二十一篇を収録。
204451-7

「司馬遼太郎記念館」への招待

司馬遼太郎記念館は自宅と隣接地に建てられた安藤忠雄氏設計の建物で構成されている。広さは、約2300平方メートル。2001年11月に開館した。

数々の作品が生まれた自宅の書斎、四季の変化を見せる雑木林風の自宅の庭、高さ11メートル、地下1階から地上2階までの三層吹き抜けの壁面に、資料本や自著本など2万余冊が収納されている大書架、……などから一人の作家の精神を感じ取っていただく構成になっている。展示中心の見る記念館というより、感じる記念館ということを意図した。この空間で、わずかでもいい、ゆとりの時間をもっていただき、来館者ご自身が思い思いにしばし考える時間をもっていただきたい、という願いを込めている。　(館長　上村洋行)

利用案内

所 在 地　大阪府東大阪市下小阪3丁目11番18号　〒577-0803
T E L　06-6726-3860 , 06-6726-3859 (友の会)
H P　http://www.shibazaidan.or.jp
開館時間　10:00～17:00 (入館受付は16:30まで)
休 館 日　毎週月曜日(祝日・振替休日の場合は翌日が休館)
特別資料整理期間(9/1～10)、年末・年始(12/28～1/4)
※その他臨時に休館することがあります。

入館料

	一　般	団　体
大人	500円	400円
高・中学生	300円	240円
小学生	200円	160円

※団体は20名以上
※障害者手帳を持参の方は無料

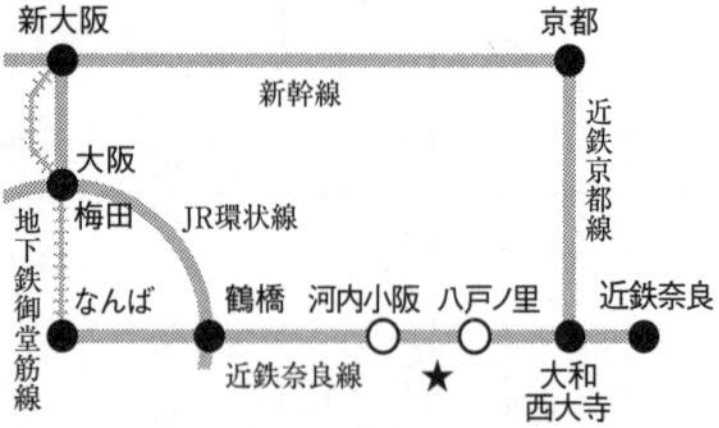

アクセス　近鉄奈良線「河内小阪駅」下車、徒歩12分。「八戸ノ里駅」下車、徒歩8分。
Ⓟ5台　大型バスは近くに無料一時駐車場あり。但し事前にご連絡ください。

記念館友の会　ご案内

友の会は司馬作品を愛し、記念館を支えてくださる会員の皆さんとのコミュニケーションの場です。会員になると、会誌「遼」(年4回発行)をお届けします。また、講演会、交流会、ツアーなど、館の行事に会員価格で参加できるなどの特典があります。

年会費　一般会員3000円　サポート会員1万円　企業サポート会員5万円
お申し込み、お問い合わせは友の会事務局まで
TEL 06-6726-3859　FAX 06-6726-3856